Karl August Specht

Afrikanische Sitten und Gebräuche

Karl August Specht

Afrikanische Sitten und Gebräuche

ISBN/EAN: 9783743369856

Hergestellt in Europa, USA, Kanada, Australien, Japan

Cover: Foto ©Andreas Hilbeck / pixelio.de

Manufactured and distributed by brebook publishing software (www.brebook.com)

Karl August Specht

Afrikanische Sitten und Gebräuche

Afrikanische Sitten und Gebräuche.

Ein volksthümlicher Vortrag

von

Dr. Carl August Specht.

———⚜———

Leipzig,
Commissions-Verlag von E. Thiele.

Geehrte Anwesende!

Das Streben des höher entwickelten Menschen war von jeher in erster Linie mit darauf gerichtet, die Erde und ihre Völker kennen zu lernen. Es ist dies eine Culturarbeit ersten Ranges, denn es giebt wohl keine höhere Aufgabe für die gesitteten Völker, als die Natur, soweit als thunlich, der Menschheit dienstbar zu machen und die Erde so heimisch oder wohnlich als möglich zu gestalten. Zu diesem Zwecke müssen wir die Erde in allen ihren Theilen oder Zonen zu erforschen suchen und Land und Leute kennen zu lernen trachten. In der neuesten Zeit hat sich die Forschung vornehmlich den sog. „dunklen Welttheil", Afrika, zum Felde ihrer segensreichen Thätigkeit auserkoren. Obwohl zur „alten Welt" gehörig, ist Afrika doch derjenige Erdtheil, der noch am wenigsten erforscht ist, der noch die meisten Räthsel für uns bietet. Ganze Länderstrecken im Innern dieses Erdtheils sind wegen ihrer Unwegsamkeit, ihres mörderischen Klimas und der Barbarei ihrer Bewohner uns noch unbekannt und sowohl Geographie als Völkerkunde weisen hier empfindliche Lücken auf. Dasjenige aber, was wir von Afrika und seinen Bewohnern wissen, ist wahrlich lehrreich und interessant genug, um zum Gegenstand einer kurzen Betrachtung gemacht zu werden. Sind doch in neuester Zeit einige Völkerstämme dieses Landes uns politisch näher getreten! Ist doch das deutsche Reich durch seine Ländererwerbungen in Afrika politisch engagirt, so daß die sog. Colonialpolitik jetzt weitere Kreise des deutschen Volkes pro oder contra beschäftigt!

Afrika ist mehr als drei Mal so groß wie Europa und macht ungefähr ein Fünftel alles Festlandes und ein Siebentel der ganzen Erdoberfläche aus. Es hat einen Flächeninhalt von 29,909,444 Quadrat-Kilometer, wovon ungefähr zwei Drittel nördlich und ein Drittel südlich vom Aequator liegen. Afrika wird begrenzt im Norden durch das Mittelländische Meer, im

Westen durch den Atlantischen, im Osten durch den Indischen Ocean und das Rothe Meer. Die Zahl seiner Bevölkerung wird neuerdings auf rund 205,800,000 Seelen geschätzt, die sich auf die verschiedenen Länder vertheilen.

Es kann hier nicht unsere Aufgabe sein, die geographische Gliederung Afrikas zu beschreiben, nein, es liegt nur in unserer Absicht, ein, wenn auch nur skizzenhaftes Bild von den allgemeinsten Sitten und Gebräuchen seiner Bewohner zu geben. In diesen barbarischen Sitten und Gebräuchen spiegeln sich die Schmerzenswindungen und der Werdeproceß unserer eigenen Cultur ab.

Man theilt neuerdings sämmtliche Völkerschaften des afrikanischen Festlandes in fünf große Gruppen ein, und zwar in vier einheimische (Fulah, Neger, Kaffern, Hottentotten) und eine eingewanderte (Semiten und Hamiten). Gewöhnlich stellt sich der Begriff des Negers ein, wenn von der afrikanischen Bevölkerung die Rede ist, weil man früher den Neger für den Generaltypus derselben hielt. Genauere Beobachtungen und sorgfältigere Forschungen haben indessen gezeigt, daß die eigentlichen Neger nur einen Theil der Bewohner Afrikas bilden, der sich auf einen verhältnißmäßig schmalen Gürtel von der Westküste bis zum Nil beschränkt. Alle übrigen Afrikaner, welche die „schattige Libree der Sonne" tragen, werden als „negerartige Völker" von den eigentlichen Negern abgesondert. Allerdings ist eine scharfe Abgrenzung zwischen Negern und negerartigen Völkern nicht immer möglich, weil es zuweilen an den nöthigen charakteristischen Merkmalen oder Unterschieden fehlt. Nur sprachlich unterscheiden sich die afrikanischen Stämme mehr oder weniger von einander, obwohl auch in diesem Punkte noch Meinungsverschiedenheiten unter den Forschern walten. Es giebt nämlich in Afrika Völkerstämme, die ihre ursprüngliche Sprache gegen eine fremde, meist arabische, vertauscht haben. Nach der sprachlichen Unterscheidung theilt man die afrikanische Bevölkerung in folgende Stämme oder Gruppen: 1) Kaukasier, theils mit hamitischer, theils mit semitischer Sprache; 2) Mittelafrikaner; 3) echte Neger; 4) Kaffern und Bantuvölker; 5) Hottentotten und 6) Malayen.

Im Norden Afrikas wohnen Völker von hellerer Hautfärbung und edlerer (kaukasischer) Gesichtsbildung. Die Sprachen derselben deuten auf einen gemeinschaftlichen (hamitischen) Ursprung hin. Vom Atlantischen Meere bis zum Nil und Aequator hausen die echten Neger, weiter südlich von diesen, in Südafrika, vom Indischen bis zum Atlantischen Ocean, die Kafir- und Bantuvölker (Halbneger). Im äußersten Südwesten von Afrika fristen die Hottentotten und Buschmänner ihr halbthierisches Dasein.

Jede dieser Gruppen theilt sich wieder in verschiedene Völkerschaften, deren Gesittung je nach der Gestaltung des Landes und der Entwickelung der Religion eine verschiedene ist. So verschieden indessen die Völker Afrikas auch sind, so lassen sich doch gewisse gemeinsame Grundzüge in ihren Sitten und Gebräuchen nachweisen. Hierher gehört vor allen Dingen das schmachvolle Institut der Sklaverei und der noch nichtswürdigere, ja die Menschheit schändende Sklavenhandel. Diese festeingewurzelten Gefiogenheiten sind es, welche den Ausspruch verschiedener Afrikaforscher zur traurigen Wahrheit machen: „Afrika ist ein Paradies, in das die Hölle losgelassen wurde".

Die Sklaverei steht leider bei allen Negervölkern in so üppiger Blüthe, daß sie für die eine Hälfte der afrikanischen Menschheit zum furchtbaren Fluche, zur qualvollen Hölle wird. Die afrikanische Sklaverei hat die triebkräftigsten ihrer Wurzeln in verschiedenen Ursachen. Obenan stehen zweifelsohne die zahlreichen Kriege, welche die verschiedenen Stämme fortwährend gegen einander führen und wobei alle Kriegsgefangenen erbarmungslos zu Sklaven gemacht werden. Eine zweite Ursache ist in dem Umstande zu suchen, daß nicht selten da oder dort bei der angeborenen Trägheit des Negers eine Hungersnoth eintritt, welche manchen „Freien" zwingt, seine Unabhängigkeit zu opfern. Die Zahlungsunfähigkeit führt in Afrika gleichfalls zur Sklaverei, ebenso gewisse Verbrechen, wie Mord, Ehebruch, Zauberei, die nach afrikanischen Rechtsgewohnheiten meist mit dem Verlust der Freiheit bestraft werden. Wer in Afrika seine Schulden nicht bezahlen kann, sei es in baarem Gelde oder in gangbaren Tauschartikeln, muß sich gefallen lassen, von seinem Gläubiger ergriffen und in die Sklaverei geführt zu werden. Eignet der Schuldner selbst sich nicht zum Sklaven, so darf der Gläubiger die Angehörigen oder Verwandten des Schuldners als Entschädigung nehmen. Das ist Landesrecht.

Auch verkaufen oft Eltern ihre Kinder und manche Negerfürsten ihre „Unterthanen" als Sklaven, ja solche Negerfürsten fallen sogar alljährlich mit ihrer bewaffneten Kriegsmacht in das Gebiet eines benachbarten Fürsten ein, um förmliche Sklaven= jagden abzuhalten. Bei diesen Sklavenjagden waltet oft eine Bestialität, gegen deren Ausmalung sich die Feder sträubt. Die Männer werden grausam hingeschlachtet oder verstümmelt, indem man ihnen ein Bein abhaut, während man die Weiber und Kinder in die Sklaverei führt, das Vieh und sonstige be= gehrenswerthe Eigenthum wegraubt. Mancher angebaute und fruchtbare Landstrich ist durch die schmachvollen Sklavenjagden total verödet und in eine Wildniß verwandelt worden. Das Institut der Sklaverei ist daher für die Völkerschaften Afrikas das größte Hinderniß ihrer menschlichen Weiterentwickelung.

Wo der menschliche Eigennutz oder die Selbstsucht ins Spiel kommt, da ist bekanntlich selbst mit sog. „civilisirten" Leuten in der Regel nicht gut Kirschen essen. Was sollen wir in diesem Punkte erst von Zweihändern erwarten, die noch auf einer halbthierischen Stufe der Entwickelung stehen? Hier kennt die Selbstsucht nur diejenigen Schranken, welche ihr von der Natur gesetzt sind. Das sog. „Faustrecht" oder das „Recht", richtiger gesagt: die Macht des Stärkeren ist allein in Geltung. Wer also in Afrika über die größere physische Macht oder Kraft gebietet, der wird sich zum Herrn über Frei= heit und Leben seines Mitmenschen aufschwingen können — eine Erscheinung, die, beiläufig bemerkt, leider auch meist in Europa an der Tagesordnung war und unter etwas ver= änderten und milderen Formen noch ist.

Fast alle Häuptlinge Afrikas, die in einem Dorfe von etwa 20 Hütten die „gesellschaftliche Ordnung" aufrecht erhalten, machen aus dem Sklavenhandel ein mehr oder weniger ein= trägliches Geschäft. Diese Häuptlinge halten beständig eine Anzahl von Sklaven männlichen und weiblichen Geschlechts vor= räthig, um entweder die Zwischenhändler befriedigen oder den Markt immer genügend mit Sklaven versehen zu können. Jeder Geschäftsmann im Sklavenhandel sucht natürlich seine „Kunden" in jeder Beziehung möglichst zu befriedigen. Der Sklavenhandel betreibende Häuptling, indem er die Zwischenhändler immer bei guter Laune erhält, diese letzteren, indem sie den Sklavenkäufern durch gute und billige Menschenwaare Vergnügen machen. Unter solchen Umständen ist beständig Nachfrage nach geeigneter, hauptsächlich junger Menschenwaare. Der Menschenwerth sinkt aber dabei in dem Maße, als der Handel sich verallgemeinert.

Mancher „Wilde", der sich stark genug dazu fühlt, geht auf eigne Faust auf Menschenraub aus und verklopft die Beute für eine Geringfügigkeit an den ersten besten Sklavenhändler. Im Innern von Afrika kann man einen Menschen für 16—32 Mark kaufen oder für irgend einen gleich- auch minderwerthigen Gegenstand, besonders Schießpulver und Feuerwaffen, eintauschen. Nach Stanley ist auf dem Markt zu Udschidschi ein 13—18jähriger Sklave für 12—45 Meter Leinwand, ein ebenso altes Sklavenmädchen für 70—175 Meter zu haben. Aeltere Sklaven und Sklavinnen sind billiger. Ja, es kommt nicht selten vor, daß habsüchtige Eltern im Innern von Afrika ihre Kinder an Weiße für eine Kleinigkeit im Werthe von 2—5 Mark feilbieten.

Bei gewissen Sklavenraubzügen, die habsüchtige Häuptlinge oft unternehmen, werden die Dörfer durch blinde Gewehrschüsse in Angst und Schrecken versetzt, um während der entstandenen Verwirrung ganze Familien gefangen zu nehmen. Die Zwischenhändler, namentlich die Araber, erhöhen den Preis für einen Sklaven um 30—50 Procent. Auf diese Weise werden große Reichthümer durch den schmachvollen Menschenhandel „erworben", worin sich auch indische Kaufleute nicht eben vortheilhaft hervorgethan haben. Oft bringen die Häuptlinge ihre Menschenwaare auch in „höchst eigener Person" an die Küste und verkaufen sie durch Vermittelung indischer Kaufleute an die Buggalo-Wallahs.

Zuweilen passiren auch in Folge des Sklavenhandels an das Komische streifende Zwischenfälle. So hatte z. B. an einem Spätnachmittag ein englischer Schiffskapitän an der Küste Westafrika's von einem Negerhäuptling eine große Ladung Palmöl eingehandelt, als das Geschäft ein unliebsames Nachspiel erfuhr. Während der Kapitän am Ufer mit seiner schönen Gattin auf und ab wandelte, nahm sie der in der Nähe auf der Lauer gelegene Häuptling plötzlich gefangen. Unter den Augen der Schiffsmannschaft und vom Arme des Gatten weg entführte sie der Unhold in der Dämmerung, weil er für sie ein Lösegeld in Gestalt eines Rumfasses zu erpressen dachte. Rachesschnaubend überfiel der Engländer beim Tagesgrauen das Dorf des Häuptlings und, vom Glück begünstigt, bemächtigte er sich des Lieblingsweibes seines Gegners, da es nicht rasch genug entfliehen konnte. Der Antrag auf Auswechselung der gefangenen Frauen wurde von beiden Seiten fast gleichzeitig gestellt und angenommen. Jeder zitterte für seine Gattin und Jeder staunte über die gegenseitige Geschmacksverirrung, als Jedem die Gattin hoch und heilig betheuerte, daß sie bei dem Gegner den höchsten Abscheu erregt habe.

Unter den aller Menschlichkeit grausam Hohn sprechenden Raubzügen der Sklavenjäger wurden und werden leider noch immer die fruchtbarsten Theile des afrikanischen Continents entvölkert und wüst gelegt. Der Afrikareisende und Missionär Sir Samuel Baker entwirft ein fürchterliches Bild der Verödung, die der Handel mit Menschenfleisch in Afrika zu Stande gebracht hat. Auf seinen Forschungsreisen fand er Länder, nach ihrer Lage und Bodenhöhe verschieden in ihrer Fruchtbarkeit, die alle hätten Zucker, Kaffee, Baumwolle, Reis, Gewürze und andere tropische Producte hervorbringen können, wären sie nicht durch den Sklavenhandel verödet und entvölkert worden. Dieser allein stand in Blüthe, sonst lag Alles in Ruinen. Früher reiche und wohlbevölkerte Gegenden lagen in trostloser Verlassenheit. Die Männer, Frauen und Kinder waren in die Sklaverei fortgeschleppt worden. Die Dörfer wurden verbrannt, die Ernten zerstört, und ein irdisches Paradies war in der That nahezu zu dem geworden, was zu einem Vergleiche mit der Schreckensregion der christlichen Mythe, der Hölle, berechtigte.

Einer der mächtigsten Sklavenjäger hatte eine Armee von von 2500 Arabern, alle wohlbewaffnet, welche in die friedlichen Regionen einfielen und sie mit Feuer und Schwert in Wüsten verwandelten.

Die Zahl der Sklaven, die jedes Jahr allein in Centralafrika vor Sir Baker's Expedition gefangen wurden, ward auf mehr als fünfzigtausend geschätzt, von denen ein großer Theil auf dem Marsche nach der Küste zu Grunde ging, oder bald nachher am Heimweh oder an schlechter Behandlung starb.

Da der Sklavenhandel leider der Haupterwerb vieler Afrikaner ist, hält es ungemein schwer, ihm wirksam beizukommen. Die Ausrottung oder Unterdrückung desselben wird noch große Opfer erfordern. Die Verträge, welche die europäischen Staaten behufs Unterdrückung des Sklavenhandels unter einander schließen, werden solange ohne den gewünschten Erfolg bleiben, bis die Erwerbsverhältnisse im Innern Afrikas sich gründlich ändern und die Eingeborenen durch directen und und indirecten Verkehr mit Europäern auf eine höhere Stufe der Gesittung gehoben worden sind. Mittlerweile wird der

Fluch der Sklaverei weiter auf der Bevölkerung des „dunklen Welttheils" lasten und Millionen von unglücklichen Menschen zu einem Dasein verdammen, das ihnen zur Hölle wird. Wie grausam die armen Sklaven oft von ihren Herren behandelt werden, ist aus verschiedenen Berichten hervorragender Afrikareisender zu ersehen. So sah z. B. der berühmte Dr. Livingstone (spr. Liwwingstön) eine Negerin, die an dem Halse an einen Baumstamm gebunden und todt war. Das Volk der Gegend erklärte, sie sei unfähig gewesen, mit anderen Sklaven, mit denen sie in einem großen Zuge transportirt wurde, gleichen Schritt zu halten, und ihr Herr habe verhindern wollen, daß sie nicht, wenn sie sich ausgeruht, das Eigenthum eines Anderen werde. Deshalb wurde sie so an den Baum gebunden und erwürgt. Livingstone sah aber bald noch Andere, die in gleicher Weise elend hingemordet waren, ja er fand Sklaven erstochen und erschossen in großen Blutlachen liegend auf seinem Wege. Die Erklärung für diese Gräuel war immer, daß der Araber, dem die unglücklichen Opfer gehören, in Zorn gerathen war, wenn die Sklaven zum Weitermarsch unfähig wurden, und sie deshalb hinmordete, weil er an ihnen sein Geld verlor.

Ein ander Mal kam Dr. Livingstone an einer Sklavin vorüber, die erdolcht in ihrem Blute auf seinem Wege lag. In einer Entfernung von etwa hundert Schritten standen auf einer Seite viele Neger, auf der anderen Negerinnen und sahen scheu und angstvoll nach dem blutigen Opfer. Sie sagten Livingstone, daß ein Araber, der am Morgen jene Stelle passirte, dies gethan, weil die Sklavin nicht länger mehr gehen konnte. Am anderen Tage stieß Einer von Livingstone's Leuten auf eine Gruppe von zwölf Negern, die gebunden und mit hölzernen Jochen am Halse im Grase lagen, dem Verenden nahe und Einige schon todt. Ihr Herr hatte sie wegen Mangel an Nahrung dort liegen lassen, anstatt sie freizugeben. So mußten sie vor Hunger und Durst sterben, denn als man sie fand, waren sie schon zu schwach, um sprechen zu können. In der Nähe harrten die Hyänen, um die Verendeten zu verzehren. Fürwahr, es ist schwer, bei solchen Scheußlichkeiten den Glauben an die Menschlichkeit zu bewahren.

Der deutsche Afrikareisende Dr. Nachtigal entwirft ebenfalls ein höchst betrübendes Bild über die aller Menschlichkeit Hohn sprechende Behandlung der Sklaven. Er erzählt u. A., wie die armen Sklaven mit eisernen Ketten oder, wenn es an solchen mangelt, mit breiten, um ihre Axe gedrehten Streifen frischer Thierfelle an einander gefesselt und von ihren entmenschten „Treibern" grausam mit der Peitsche angetrieben und bearbeitet werden, wenn sie vor Hunger und Entkräftung nicht mehr weiter können. Das Elend der armen Sklaven spottet oft aller Beschreibung. Nicht Krankheit, nicht Hunger, nicht Entkräftung kann die Unglücklichen vor den barbarischsten Mißhandlungen schützen. Nachtigal sah eines Tages, wie ein Araber einer jungen Sklavin, die trotz aller Peitschenhiebe nicht weiter konnte, einfach die Kehle durchschnitt. „Wenn die Menschenjäger — sagt Nachtigal wörtlich — die Hoffnung aufgeben müssen, aus dem Leben ihrer Opfer Nutzen zu ziehen, so schlachten sie dieselben, um ihren Tod wenigstens noch zu verwerthen." „Derartigen Unmenschlichkeiten gegenüber ganz machtlos zu sein, ist für einen Reisenden schwerer zu ertragen, als alle physischen Anstrengungen und Gefahren."

Die bestialische Natur des Menschen offenbart sich ja stets am meisten, wenn es sich um Mein oder Dein handelt und wenn es gilt, gemeine Rachegelüste zu befriedigen. Findet die menschliche Hab- oder Herrschsucht nicht ihre Rechnung, so erwacht sofort in gemeinen Naturen ein Drang nach Rache. In dem uncivilisirten Menschen tritt dieser Drang mit dem ganzen Ungestüm der ursprünglichen Wildheit zu Tage, während er bei dem mit dem Lack der Civilisation überzogenen Zweihänder gemäßigtere Formen annimmt. Wenn ein europäischer Schlotbaron oder Krautjunker seinen Arbeiter auszuhungern trachtet, weil sich dieser ihm nicht in allen Dingen blindlings unterwerfen und eine eigene Meinung haben will, so ist das im Wesen dasselbe, als wenn der Sklavenbesitzer in Afrika einen Sklaven niedermacht, weil er keinen Nutzen mehr aus dessen Leben ziehen kann.

Eigenartige Sklavenverhältnisse herrschen an der sogen. Pfefferküste in Afrika. Wenn sich nämlich hier, was sehr begreiflich erscheint, der bedauernswerthen Sklaven oft Lebensüberdruß bemächtigt, so setzen sie ihren Herrn davon in Kenntniß. Gelingt es demselben nicht, die Sklaven von ihrem Todes-Entschluß abzubringen, so giebt er ihnen eine Flasche Rum, woran sie sich berauschen, und in diesem Zustande zertrümmert ihnen der Scharfrichter mit einem Knüppel den Hirnschädel. Ihr Leichnam bleibt unbeerdigt den Vögeln und Raubthieren zur Speise liegen. In Groß-Buba ist die Sache etwas umständlicher. Dort führt der Herr den lebensmüden Sklaven zunächst zum Dorfältesten, welcher ihm alle möglichen Vorstellungen über sein Vorhaben zu machen und ihn womöglich davon abzubringen hat. War dieses erfolglos, so wird der betreffende Sklave an einen Baum gebunden und von der ganzen schwarzen Gesellschaft buchstäblich in Stücke gerissen. Ein solch grausamer Act wird von den „Wilden" als eine Festlichkeit betrachtet und der Besitzer des Sklaven durch eine Art Collecte entschädigt. In derselben Gegend werden auch diejenigen Sklaven, welche bei der Beerdigung ihres Herrn thätig waren, aus stupid-abergläubigen Beweggründen getödtet. Regelmäßige Menschenopfer werden ebenfalls alljährlich im October bei Gelegenheit des sog. „Ignamenfestes" dargebracht.

Als unlängst in Mufadalla, südwestlich von Boporu, die Sklaven sich gegen die unmenschliche Behandlung empörten, wurden sie mit ausgesuchter Grausamkeit durch den Henker langsam zu Tode gemartert. Der Anstifter der Empörung wurde lebendig mit dem Kopf nach unten und den Füßen nach oben begraben, worauf er noch mit einem spitzen Pfahl, den man 2—3 Meter tief in die Erde trieb, durchbohrt wurde. Man sieht, an Grausamkeit und Teufelei geben die Afrikaner den mittelalterlichen „christlichen" Ketzer- und Hexenrichtern nichts nach.

Man könnte ganze Bände mit Beispielen über die himmelschreiende Behandlung der Sklaven füllen. Doch dürften die wenigen, hier angeführten Fälle genügen, ein annähernd deutliches Bild von dem afrikanischen Sklavenleben zu geben.

Das fluchwürdige Institut der Sklaverei besteht seit den ältesten Zeiten in Afrika und der gewinnbringende Handel, der mit der Sklaverei unzertrennbar verbunden ist, unterhält vorzugsweise den gefahrvollen Karawanen-Verkehr durch die große Sandwüste Sahara. Als die Sklaverei in Amerika noch bestand, wurde die Sklavenausfuhr von der afrikanischen Westküste aus besonders schwunghaft betrieben. In der neuesten Zeit stand der Sklavenhandel mehr an der Ostküste in Blüthe und wurde besonders von Zansibar aus lebhaft cultivirt. In Folge sorgfältiger Ueberwachung der afrikanischen Küsten durch europäische, namentlich englische Kriegsschiffe, wurde neuerdings zwar dem schmachvollen Sklavenhandel einigermaßen Abbruch gethan, aber gründlich hat man ihn auch an den Küsten noch nicht auszurotten vermocht. Im Innern von Afrika steht der Sklavenhandel noch in ungeschwächter Blüthe und es werden nach wie vor nicht nur durch die Sahara, sondern auch durch den Atlantischen Ocean jährlich viele tausende von unglücklichen Negern in die Sklaverei geschleppt. Die Behandlung, die den armen „Schwarzen" auf den verkappten Sklavenschiffen zu Theil wird, spottet auch jeder Menschlichkeit.

Die Schwierigkeit, den Sklavenhandel zur See ganz zu beseitigen, springt in die Augen, wenn man erwägt, daß es zu einer gewissen Jahreszeit für europäische Schiffe fast unmöglich ist, an der afrikanischen Küste bis zu 2 oder 3° nördl. Breite vorzudringen. Seitdem England in wohlgemeintester Absicht nach langen diplomatischen Verhandlungen mit dem Sultan von Zansibar einen Vertrag behufs Hintanhaltung des Sklaven= handels geschlossen, ist der Preis für einen Sklaven an der dortigen Küste um 10 Mark zurückgegangen. Soviel betrug nämlich der Zoll für einen Sklaven, den seine zansibarische Majestät in die Tasche steckte. Wäre die Küste von Zansibar der einzige Zufluchtsort des Menschenhandels zur See gewesen, dann würde es nicht unüberwindlich schwer gefallen sein, dem= selben wenigstens den dortigen Weg zu versperren. Aber es giebt noch verschiedene andere Stapelplätze, wie Brava, Merka oder Mogodoxa, von wo aus der Handel betrieben wird.

Solange überhaupt in Asien, Afrika und Südamerika das Bedürfniß besteht, sich Sklaven zu halten, wird auch der Handel mit denselben blühen, zumal er ein sehr einträgliches Geschäft ist. Die menschliche Habsucht kennt keine sittlichen Schranken. Daran wird auch die jüngst in Brüssel abgehaltene internationale Conferenz zur Abschaffung des Sklavenhandels nichts ändern, so wünschenswerth es im Interesse der Menschlichkeit auch ist, daß sich alle civilisirten Mächte einigen, um der Sklaverei einen möglichst wirksamen Riegel vorzuschieben. Ein wirkliches Ende wird die Sklaverei zweifelsohne erst dann nehmen, wenn nicht nur Afrika in die Reihe der civilisirten Länder eingetreten ist, sondern auch seine Könige und Häuptlinge, wie ihre Nachbarn in anderen Ländern, diejenige Stufe menschlicher Gesittung er= klommen haben, wo sie es für ein Verbrechen halten, einen Mitmenschen zu unterjochen oder zu knechten. Ehe dies ge= schieht, wird allerdings noch viel Wasser den Nil, Niger, Congo und Zambesi hinunterfließen.

*

Mit der Sklaverei wesens- oder blutsverwandt ist eine andere Sitte, welche namentlich an der Goldküste herrscht, nämlich das Verpfänden von Menschen. „Väter und Mütter verpfänden ihre Söhne und Töchter, Männer ihre Frauen, und Frauen ihre Männer mit derselben Gemüthsruhe, mit welcher ein deutscher Student seine Uhr verpfändet. Das Schlimmste ist, daß das weibliche Pfandstück ganz und gar der Willkür des Pfandinhabers ausgesetzt ist. Stirbt ein verpfändeter Mensch, dann wird der Leichnam hoch in der Luft an die Zweige eines Baumes, den die Thiere nicht erklettern können, befestigt."

Diese Sitte oder vielmehr Unsitte ist, wie so manches Andere, von der Religion beeinflußt. Die an der Goldküste wohnenden Stämme glauben nämlich mit Inbrunst an eine Unsterblichkeit der Seele, daher sind sie der Meinung, daß ein Todter seine Wanderung in die Gefilde der Seligen nicht eher antreten kann, bis er beerdigt ist. Die Angehörigen oder Verwandten eines verpfändeten Todten bieten deshalb Alles auf, um den Leichnam frei zu bekommen, damit sie ihn beerdigen können.

Auch die abscheuliche Unsitte, den Tod eines Menschen durch verschwenderische Gelage zu feiern, ist unter den Stämmen der Goldküste im vollen Schwange — eine Unsitte, die leider auch in Europa, ja sogar in gewissen Gegenden Deutschlands noch herrscht.

* * *

Von den Stämmen der Goldküste, die unter englischer Oberhoheit steht, ist das beträchtliche Negerreich der Aschantis das in vieler Hinsicht bemerkenswertheste. Die Hauptstadt dieses Negerreichs, welches durch das Genie einiger Häuptlinge geschaffen wurde, heißt Kumasie. An der Spitze des Aschantireiches steht ein König, dessen Machtbefugnisse insofern etwas eingeschränkt sind, als er keinen Krieg beginnen darf, ohne den Rath und die Zustimmung der „Großen" (Häuptlinge) des Landes. Er würde ohne Weiteres abgesetzt werden, wenn er gewisse Fundamental-Gesetze nicht beachtete oder respektirte. Dafür kann er jeden Einzelnen nach Herzenslust tyrannisiren, ja er hat das Recht, jedem ihm unbequemen „Großen" oder Häuptling den Befehl zu schicken, daß er sich das Leben nehme. Auch kann er das Vermögen der „Unterthanen" nach Belieben verringern oder confisciren. Dieser König hat nicht weniger als 3333 Frauen — eine Zahl, die, weil sie als eine „heilige" oder mystische gilt, beständig voll erhalten, aber nicht überschritten wird. Diese Frauen, von denen manche Sklavinnen sind, die in den königlichen Plantagen arbeiten müssen, werden durch 150 Eunuchen streng bewacht. Wehe Dem, der ein Auge auf irgend eine der königlichen Frauen wirft und ein Verhältniß mit ihr anknüpft! Vor dem Throne des Königs wird er, nachdem er einen ganzen Tag lang als Zielscheibe der Aschanti-Messerwerfkünste gedient und grauenhafte Todesqualen erlitten hat, durch den Henker buchstäblich in Stücke gehauen. Diese schreckliche Hinrichtungsart kommt auch für das Verbrechen des Mordes in Anwendung. Andere, verhältnißmäßig leichte Vergehen werden ebenfalls mit einer allerdings „milderen" Todesart bestraft. Die Verurtheilten werden in der Regel nach Kumasie geschafft und hier so lange aufbewahrt, bis irgend ein Fest durch ihre Hinrichtung besonders „verherrlicht" wird. In Spanien geschah bekanntlich ein Gleiches mit den unglücklichen Opfern der „heiligen" Inquisition, sintemalen dieselben oft zur besonderen Verherrlichung irgend eines königlichen Familienfestes eingeäschert wurden. Diese letztere Bemerkung soll lediglich ein kleiner Dämpfer für den „christlichen" Hochmuth sein, der sich in allen Dingen über die „Wilden" erhaben dünkt.

Die Menschenopfer sind bei den Aschantis noch in vollem Brauche. Gewöhnlich finden solche bei religiösen und politischen Festlichkeiten statt. Viele Menschenleben werden da dem Wahne und Dünkel zum Opfer gebracht. Namentlich beim Tode des Königs ist es „gute Sitte" (wie in Sachsen die Kostgänger und Lakaien der Reaktion sagen würden), daß Hunderte von Menschen ins Gras beißen müssen. Ja, es werden gewisse Menschen, die man „Okras" (Seelen) nennt, eigens zu diesem Zwecke gehalten. Sie müssen den König auf seiner Reise ins „Schattenland" begleiten, damit er seine Königswürde dort gebührend aufrecht erhalten kann. Die „Höflinge" und Verwandten des Königs rennen in der Stadt umher und erschießen ohne Weiteres alle Diejenigen, die ihnen zur Begleitung des Herrschers ins Jenseits geeignet erscheinen. Selbst die besten Persönlichkeiten des Landes werden nicht verschont.

Was die „Großen" thun, machen die „Kleinen" auch in

Afrika nach). Die Angehörigen wohlhabender Familien opfern beim Tode ihres Hauptes ebenfalls einige Sklaven, reichere Leute sogar deren 30-40, damit der Todte im „Jenseits" ja nichts entbehre. Man muß gestehen: es liegt Consequenz oder Folgerichtigkeit in diesem „Unsterblichkeitsglauben" der Aschantis. Ihnen ist der Tod nur eine Auswanderung. Das Leben wird nunmehr im Hades oder Scheol unterirdisch ewig fortgesetzt. Aber eine Gleichheit der Menschen herrscht nach dem Glauben der Aschantis auch dort nicht. Der König bleibt König, der Häuptling bleibt Häuptling, der Sklave bleibt bis in alle Ewigkeit Sklave.

Die Religion der Aschantis ist ein Gebräu von Fetischismus, Spiritismus und Theismus. Neben einer höchsten Gottheit, die im „Himmel" thront, glauben sie auch an ein böses Wesen, an unreine Geister und Gespenster, die sie sich in Schlangen, Krokodilen und Leoparden versinnlicht denken und vor denen sie große Furcht haben. Man bringt ihnen Opfer durch Priester, welch' letztere sehr verschmitzte und schlaue Patrone sind, die den Wahnglauben der Aschantis geflissentlich nähren und weidlich ausbeuten. In diesem Punkt läßt sich auch in zivilisirten Ländern Vielerlei sagen.

Roh und barbarisch, wie ihre religiösen Vorstellungen, sind auch die sonstigen Sitten und Gebräuche der Aschantis. Mit Bezug auf die von ihnen verübten bestialischen Greuelthaten herrscht unter der dortigen Küstenbevölkerung das Sprichwort: „Die Aschanti-Suppe ist zu sehr gesalzen". Im Jahre 1873 haben die Aschantis von den Engländern eine derbe Lection erhalten, die ihnen hoffentlich begreiflich gemacht haben wird, daß die Bestialität nicht immer triumphiren kann und darf. Mittlerweile fahren sie fort, ihren thierischen Leidenschaften, ihrer Habsucht, ihrem Wahn und Dünkel zu fröhnen, und alle Versuche, sie europäischer Gesittung zugänglich zu machen, erwiesen sich bisher als vergeblich. Kühne Europäer, die das Christenthum unter ihnen verkündigen wollen, hören sie zuweilen ruhig an, sobald aber ein Wort gegen die Sklaverei fällt, hört ihre „Gemüthlichkeit" auf und die Bestie in ihnen wird lebendig. Dicht neben der Habsucht schläft leider überall im Menschen die Bestialität. Bei den Aschantis und anderen „wilden" Völkerschaften tritt sie ganz unverschleiert zu Tage, bei den „civilisirten" Menschen hüllt sie sich in einen mehr oder weniger dichten Schleier ein. Das ist der ganze Unterschied.

* * *

An das Aschanti-Reich grenzt im Westen, durch den Volta getrennt, der durch seine Menschenopfer berüchtigte Negerstaat Dahomey, dessen Bevölkerung auf sehr niedriger Stufe der Gesittung steht. Die Einwohnerzahl von Dahomey schwankt zwischen 150,000 bis 600,000, da man die Grenzen und das Innere dieses barbarischen Negerstaates noch nicht genau kennt. Die Hauptstadt heißt Abomeh und zählt gegen 30,000 Einwohner. An der Spitze des Staates steht ein unumschränkter König, der Herr über Eigenthum, Leben und Tod aller seiner „Unterthanen" ist. Vier hohe Würdenträger oder Oberbeamte (Minister) stehen dem König zur Seite. Wie alle Despoten vom reinsten Wasser, hält auch er auf strenge Etiquette, weil diese der gleißende Mantel ist, der die innere Hohlheit eines solchen Zweihänders verbergen muß. Wenn der König spricht, so muß Alles ehrfurchtsvoll schweigen; wenn er hustet oder nießt, so wirft sich der ganze Hofstaat mit dem Gesichte platt auf die Erde. Um den Glauben zu erwecken, daß er ein Wesen höherer Art sei, darf Niemand den König essen oder trinken sehen. Wer dies zufällig einmal sieht, muß ohne Gnade sterben. Vor seiner „Gottähnlichkeit" wird dem afrikanischen Despoten dabei nicht im geringsten bange. Am Hofe des Königs herrscht die erbärmlichste Maitressenwirthschaft. Wer irgend Etwas erlangen will, muß sich hinter eine vom Herrscher bevorzugte Maitresse stecken, was, beiläufig bemerkt, auch in Europa noch häufig genug vorkommt.

Der König von Dahomey unterhält 6000 Weiber, die im Waffenhandwerk gedrillt werden und seine Leibwache bilden. Diese „Amazonen", die sehr tapfer und grausam sein sollen, waren früher nur mit Bogen und Pfeilen, Speer und Messer bewaffnet, führen aber neuerdings französische und holländische Feuersteingewehre. Ihre Kopfbedeckung bildet ein Käppi mit farbigem Knopfe und eingestickten Krokodilen oder Schlangen. Ferner tragen sie eine Tunika in der Regimentsfarbe (blau, roth u. s. w.), einen gestreiften kurzen Baumwollen-Rock und zuweilen auch Höschen, sowie Silberschmuck. Sie müssen Keuschheit bewahren, werden aber vielfach auch dem Harem des Königs einverleibt. Der jetzige Herrscher stellt nur junge, üppige „Schönheiten" an, die ihm meist geschenkt werden, und entläßt die älteren „Damen", während solche früher zahlreich im Dienste waren. Es sollen in Wahrheit ganz hübsche Erscheinungen unter ihnen sein, die nach Zoeller sogar an die europäischen „höheren Töchter" erinnern.

Stirbt der König von Dahome, so werden mindestens 500 junge Frauen oder Mädchen niedergemetzelt, um seiner „Majestät" im „Jenseits" als Leibgarde zu dienen. Herrscht Mangel an geeigneten Menschenopfern, so werden einige benachbarten Stämme überfallen und zu Kriegsgefangenen, d. h. Sklaven gemacht. Die unglücklichen Frauen derselben müssen dann dem todten Herrscher in's „Jenseits" folgen. Diese scheußlichen Menschenopfer, die von einem „Großschlächter" geleitet werden, hängen mit der „Religion", d. h. dem Unsterblichkeitsglauben der Dahomenser eng zusammen.

Der religiöse Wahn häuft also in Afrika noch immer Berge von Leichen, wie er einst auch in Europa und anderen Erdtheilen es gethan. Ja, auch in Europa hat es eine Zeit gegeben, in welcher beim Tode eines Herrschers einige Dutzend oder Hundert „Sklaven" geopfert wurden. Ausgrabungen in Dänemark, England und Norddeutschland deuten mit aller Entschiedenheit darauf hin. In seinem hirnverbrannten Wahne glaubte der Mensch der sog. „Steinzeit", den Todten Liebe und Aufmerksamkeit dadurch zu erweisen, daß er Individuen seinesgleichen schlachtete und sie dem Todten mit ins Grab gab. Dieser „dunkle Drang des menschlichen Innern", wie ihn gewisse Duselmänner heute beschönigend nennen, hat sicher nichts mit der vermeintlichen „höheren Abstammung" des Menschen, auch durchaus nichts mit „göttlicher Offenbarung" zu thun, zweifelsohne aber steht er mit den thierischen Instinkten der Menschennatur, mit der maßlosen Selbstsucht des angeblichen „göttlichen Ebenbildes" in ursächlichem Zusammenhang. Die Selbstsucht des Menschen ist die Mutter aller Barbarei, aller Rohheit, aller Grausamkeit, und gesellt sich zu ihr noch der Wahn, der tausenderlei Gestalten annimmt, dann erzeugen beide miteinander jene Thaten, welche die Erde mit Menschenblut düngen und vor denen der Genius der Gesittung trauernd das Haupt verhüllt.

Erst in dem Maße, als das Gehirn und mit ihm die Denkfähigkeit im Menschen sich mehr und mehr entwickelte, reifte auch die Einsicht, daß der Mensch ein sociales Wesen, daß er auf Seinesgleichen von der Natur angewiesen ist und daß nicht in der schrankenlosen Selbstsucht, sondern im geläuterten Gemeingefühl, im thatkräftigen Gemeinsinn die

Wurzeln der Gesittung zu suchen sind. Wo diese Wurzeln den geeigneten Boden zu ihrem Gedeihen fanden, wo die Selbst- und Herrschsucht großer und kleiner Despoten dieses Gedeihen nicht verhinderten, da entwickelte sich die zarte Pflanze der Gesittung. Die rohe und brutale Gewalt wurde eingeengt durch Moral, Recht und Gesetz. Aufklärung, Bildung und Erkenntniß hielten die Bestie im Menschen nieder, besiegten den blutgierigen „religiösen" Wahn und bahnten Verhältnisse und Zustände an, unter deren Herrschaft das Gute, Wahre und Schöne zum Durchbruch gelangte, kurz, die Cultur ihren Anfang nahm. Die Cultur ist indessen noch lange nicht auf dem Culminations- punkt ihrer Entwickelung angelangt. Nur schwache Geister können dies glauben und selbstgefällig behaupten. Von univer- seller oder allgemeiner Cultur kann erst die Rede sein, wenn auch die letzten Reste ehemaliger und jetziger Barbarei aus der Menschheit verschwunden sind und der Mensch in allen Zonen der Erde im wahren Sinne des Wortes „Mensch" geworden ist

Wo, wie in Afrika, dem religiösen Wahn und dem brutalen Despotismus noch Hekatomben von Menschenopfern gebracht werden, da walten noch die niedersten, thierischen Instinkte der Menschennatur und die Bosheit triumphirt über die edleren Regungen der Menschenbrust. Auch in der Hauptstadt von Dahomeh werden bei Hoffestlichkeiten scheußliche Menschen- schlächtereien als „religiöse Ceremonien" ins Werk gesetzt. Der König und sein Hof sehen mit vollkommener Gleichgültigkeit diesen himmelschreienden Schlächtereien zu, wobei die Priester ihren jämmerlichen Hokuspokus üben. Als Wahrzeichen dieser empörenden Menschenopfer werden in Abomeh an gewissen Häusern die Köpfe der Opfer befestigt, die zuweilen noch Stücke verfaulten Fleisches zeigen, während andere Schädel voll- ständig gebleicht sind.

Die Priester von Dahomeh, deren Kopf auf der rechten Seite geschoren ist, üben einen großen Einfluß auf den König und das Volk aus. Sie können durch Hermurmelung ihres Abracadabras (sinnlosen Zauberwortes) jeden beliebigen Gegen- stand in einen Götzen verwandeln. (In „christlichen" Ländern geschieht, allerdings in sehr beschränkter Weise, noch Aehnliches.) An der Küste von Dahomeh nimmt der rohe Fetischismus die Form des Schlangencultus an, dem sogar in Whydah ein besonderer Tempel geweiht ist, worin mehr als hundert

„geheiligte" Schlangen gepflegt und angebetet werden. Die aus rothem Thon geformten Fetischgötter im Innern von Dahomeh stehen am Eingange der Städte und Dörfer. Jeder Kaufmann muß ihnen die „heilige Gabe" oder den Zehnten abliefern, auch werden ihnen noch besondere Gaben, Nahrungsmittel u. dgl. reichlich dargebracht. Die pfiffigen Fetischpriester haben stets gute Verwendung für diese Opfer.

Der im Jahre 1858 verstorbene König Ghefo von Dahomeh, der vernünftigen Vorstellungen zugänglich war, hatte auf das Betreiben verschiedener humaner Weißen die Menschenopfer abgeschafft, allein sein Sohn und Nachfolger führte sie schon zur Todtenfeier des Vaters wieder ein, weil die Priester es verlangten. Vor Kurzem, im Jahre 1890, sollten beim Tode des Königs wieder Hunderte von Menschen geopfert werden, doch die Franzosen, die dort colonialpolitisch engagirt sind, suchten sie zu hintertreiben. Es dürfte dies aber schwerlich ganz gelungen sein, obwohl es zu einer kriegerischen Fehde kam, in welcher die Dahomenser mit samt der tapfern weiblichen Leibgarde des Königs eine Niederlage erlitten.

Hoffen wir im Interesse der armen Neger, daß es der unausgesetzten humanen Einwirkung der Franzosen mit der Zeit gelingen möge, auch in Dahomeh, das nicht zu weit von den deutschen Colonien in Kamerun liegt, der Gesittung Bahn zu brechen!

* * *

In Afrika giebt es Länder, in denen nicht nur die scheußlichen Menschenopfer an der Tagesordnung sind, sondern auch der bestialische Kannibalismus oder die Menschenfresserei noch in vollem Schwange ist. Es zeigt sich hier recht augenscheinlich und eindringlich, wie stupider Wahnglaube und barbarische Bestialität Hand in Hand zu gehen pflegen. In Braß, Bonny und vielen anderen afrikanischen Städten und Dörfern verzehrt man die Kriegsgefangenen in dem hirnverbrannten Wahn, daß man dadurch tapfer werde. Europäische Forschungsreisende fanden in Duketown am Alt-Calabar-Flusse auf öffentlichen Markte Menschenfleisch zum Verkauf ausgestellt, wie andere Nahrungsmittel.

Besonders berüchtigt als Menschenfresser sind die von Dr. Georg Schweinfurth geschilderten Niam-Niam, d. h. „Fresser". Die Niam-Niam in Centralafrika rühmen sich nach

Schweinfurth selbst vor aller Welt ihrer wilden Gier nach Menschenfleisch, tragen voll Ostentation die Zähne der von ihnen Verspeisten, auf Schnüren gereiht, wie Glasperlen am Halse und schmücken die Pfähle an ihren Wohnungen mit Schädeln ihrer Opfer. Es werden hier nicht nur alle Kriegsgefangenen verspeist, sondern auch Leute, die eines plötzlichen Todes starben. Einzelne Eingeborene schämen sich allerdings der Anthropophagie (Menschenfresserei) und sprechen mit Abscheu von Jenen, die gierig nach Menschenfleisch sind.

Die Niam=Niam sind sehr gefräßig, daher die Bezeichnung „Fresser", während sie selbst sich Sandeh nennen. Sonst alle Verunstaltungen des Körpers verschmähend, feilen sie sich stets die Zähne spitz, um sie im Handgemenge als wirksame Waffe gegen ihre Feinde zu gebrauchen. Die Niam=Niam sind auf ihr Aeußeres sehr eitel, was sie hauptsächlich durch ihr künstliches Haargeflecht bekunden. Ihre Haltung ist theatralisch geziert. Sie beschäftigen sich mit Krieg, Jagd und Ackerbau, sind nach afrikanischen Begriffen intelligent, lieben die Musik, vornehmlich die Mandoline, und brauen ein schmackhaftes Bier. Ihre Hautfarbe ist chokoladebraun, ihr Gesicht rundlich, ihre Nase stumpf und von gleicher Breite wie Länge. Ihre kärgliche Kleidung ist aus verschiedenfarbigen Fellen zusammengesetzt und in einen Lendenschurz malerisch drapirt.

In jeder Beziehung ein scharf ausgeprägtes, etwa 2 Millionen Seelen zählendes Volk, unterscheiden sich die Niam=Niam augenfällig von ihren Nachbarstämmen. Sie stehen unter souveränen Fürsten, deren Macht sich aber nur auf den Oberbefehl über alle waffenfähigen Männer beschränkt, die sie beliebig versammeln können. Diese „Fürsten" vollstrecken auch höchsteigenhändig Todesurtheile. Sie suchen sich durch herrische und herausfordernde Haltung einen großen, äußeren theatralischen Aplomb zu geben. „Viele derselben könnten — sagt Schweinfurth — an würdevollem Benehmen, an majestätischer Haltung und Tournüre mit allen Fürsten der Erde wetteifern." Nun, das ist eine „Kunst", deren Erlernung nicht viel geistige Begabung erfordert.

Kriege führen behufs Erlangung von Menschenfleisch die Niam=Niam sehr häufig, aber der Häuptling (Fürst) zieht nur selten mit in einen solchen. Die feindlichen Parteien rufen sich während der Kampfespausen die lächerlichsten Schimpfereien und Herausforderungen zu. Zum Beispiel: „Alle Türken

(Bezeichnung der Nubier in den Negerländern) sollen umkommen! In den Kochtopf mit den Türken! Fleisch! Fleisch!"
Die Niam-Niam glauben an gute und böse Geister, beten fleißig, üben „Gottesurtheile" und begraben ihre Vornehmen sitzend in ausgehöhlte Baumstämme.

* *

Die südlichen Nachbarn der Niam-Niam, die Monbuttu, sind ebenfalls **Menschenfresser**, und zwar fröhnen sie dieser bestialischen Leidenschaft noch mehr und unverblümter als die Niam-Niam. Nach Schweinfurth sind die Monbuttu die ärgsten Kannibalen in ganz Afrika. Die Monbuttu weichen in ihrem Aeußeren von den übrigen Negerstämmen nicht unbeträchtlich ab. Ihre Hautfarbe ist kaffeebraun, ihre Nase etwas vorspringend, ihr Bau schlank, ihr Gesichtsausdruck jüdisch. Von Königen und Häuptlingen beherrscht, haben sie eine höhere Stufe der „Cultur" erreicht, als ihre Nachbarvölker in Centralafrika. Die Männer leben der Jagd und dem Kriege, während die Frauen die Arbeiten des Hauses und Feldes besorgen. In socialer Beziehung nehmen die Frauen bei den Monbuttu eine selbstständigere und freiere Stellung ein als bei den Niam Niam. Die Frauen der Monbuttu legen ein großes Geschick in der Zubereitung der Speisen an den Tag, verwenden aber hierzu meist **Menschenfett**. — Das Schmiedehandwerk hat unter den Monbuttu einen besonderen Aufschwung genommen. Sie verstehen es, eiserne Schmuckketten anzufertigen, die an Feinheit und Formvollendung mit den schönsten europäischen Stahlketten wetteifern können. — Die Monbuttu glauben an einen im „Himmel" weilenden Gott und haben die Beschneidung eingeführt. Ihre übrigen religiösen Vorstellungen und Gebräuche sind noch in mystischen Nebel gehüllt.

* *

Südlich von den Monbuttu hausen in Centralafrika die **Manjuema**, die ebenfalls zu den Kannibalen oder Menschenfressern gehören und mit den Monbuttu auch im Aeußeren viel Aehnlichkeit haben. Sie scheinen allerdings nur die im Kriege getödteten Feinde zu verzehren. Als ihnen Livingstone im Jahre 1870 einen Besuch abstattete, trachteten sie, ihn wiederholt zu ermorden, weil sie lüstern nach seinem Fleisch waren. Sie verehren einen guten und bösen Geist, welch' letzterer in der Tiefe wohnt, und werden von unabhängigen Häuptlingen beherrscht.

Im Dorfe Kampunzu in Uregga fand Stanley eine Masse von Sonne und Wetter gebleichter Schädel, welche die Eingeborenen für Schädel von „Sokos" (Chimpansen) erklärten. Bei näherer Untersuchung stellte sich's aber heraus, daß es Menschenschädel waren. Die Eingeborenen schämten sich, ihre Gier nach Menschenfleisch offen zu bekennen. In der Nähe des Ortes Kijanga-Sanga wurde Stanley mit seiner Karawane von mordgierigen Kannibalen angegriffen, welche unausgesetzt die Rufe ertönen ließen: „Fleisch! Fleisch! Ah, Fleisch in Menge! Bo—bo—bo—bo!" Auf seiner Kongoreise kam Stanley in ein Dorf, wo Menschenschädel die Straßen „zierten" und eine große Menge von Schenkelknochen, Rippen und Rückenwirbel, als gebleichte Zeugen der gräßlichen Gier nach Menschenfleisch, in einem Winkel zusammengeworfen waren. Bei dem Stamme der Waregga ist es nach demselben Gewährsmann Sitte, die alten Männer und Weiber abzuschlachten und aufzufressen. — Auch in anderen Theilen von Afrika existiren noch Kannibalen oder Menschenfresser.

Merkwürdiger Weise sind es keineswegs immer die rohesten und niedersten Völker, welche der Menschenfresserei fröhnen. Die Niam-Niam und die Monbuttu haben es sonst in der „Cultur" ziemlich weit gebracht, fröhnen aber gleichwohl diesem, das natürliche Gefühl empörenden scheußlichen Brauche. Der Kannibalismus hat seine Wurzeln in verschiedenen Beweggründen, vornehmlich in Aberglauben, Haß, Rachsucht und thierischer Gier nach Fleisch. Er ist offenbar ein Ausfluß des thierischen Wesens, das auch im „civilisirten" Menschen noch reger ist, als Mancher glaubt, und in den verschiedensten Formen und Verkleidungen zu Tage tritt. Der „civilisirte" weiße Mensch hat gar keinen triftigen Grund, hochmüthig und pharisäerhaft auf die heutigen Kannibalen herabzusehen, denn durch eine ganze Reihe von Knochenfunden in den Höhlen Italiens, Frankreichs und Belgiens ist unzweifelhaft dargethan worden, daß unsere eigenen Vorfahren in der Stein- und Broncezeit ebenfalls Menschenfresser waren. Auch durch verschiedene schriftliche Urkunden wird dies erhärtet.

Gegenwärtig steht der Kannibalismus außer in Afrika noch in Asien, Amerika, Australien und auf den Südseeinseln in Blüthe. In den civilisirten Staaten Europas tauchen zuweilen einzelne Zweihänder auf, die von einem krankhaften Triebe nach Menschenfleisch beherrscht werden. Wir haben es hier vielleicht mit einem „seelischen" Rückschlag in die barbarischen Gewohnheiten, Bräuche und Sitten unserer Vorfahren zu thun. Wo sich — und das ist sehr häufig, ja fast immer der Fall — der Kannibalismus mit dem Aberglauben verknüpft, nimmt er die scheußlichsten Formen an. Kein Wunder, denn Geschichte und Erfahrung lehren überall, daß der Aberglaube den Menschen zur Bestie macht. Der Mensch wird stets und überall erst ganzer Mensch, wo dem Aberglauben in allen seinen Gestaltungen durch Aufklärung und vernünftige Erkenntniß die Adern gründlich unterbunden worden sind.

Allenthalben bewährt sich das Wort des Dichters, daß der schrecklichste der Schrecken der Mensch in seinem Wahne ist. Der Kannibale glaubt so gut im Interesse seines „Seelenheils" zu handeln, wenn er seines Gleichen mit eklen Gier verspeist, als andere, sich für „hochgebildet" haltende Zweihänder, wenn sie im Namen ihrer „Religion" etwas dem Wesen nach sehr Aehnliches thun. Es ist ein hirnverbrannter Wahn, wenn der Kannibale glaubt, die guten Eigenschaften des von ihm Verspeisten seiner „Seele" theilhaftig zu machen, und der Wahn in allen seinen Formen ist der geschworene Feind wahrer Gesittung und wahrer Humanität. Wer es aufrichtig gut mit der Menschheit meint, muß vor allen Dingen den Wahn bekämpfen, wie sehr ihn auch Dunkelmänner und Leute, die vom Wahne Anderer leben, darob verdächtigen und verunglimpfen mögen. Mit dem Wahn und der Selbstsucht des Menschen werden auch die Rohheit und die Barbarei auf den Aussterbeetat gesetzt — in Afrika, wie in anderen Erdtheilen.

Besonderes Interesse für uns Deutsche erregen die Sitten und Gebräuche der zahlreichen Stämme im Seengebiet des östlichen Centralafrika, weil dasselbe in der Nähe der deutsch-ostafrikanischen Colonien, Schutzgebiete und Interessensphären liegt. Man reist neuerdings in dieses Gebiet von Zansibar aus. Die Eingebornen von Zansibar sind die culturfähigsten aller afrikanischen Stämme und heißen Suaheli. Ein durch jahrhundertelanges fortgesetztes Einführen von Sklaven aus allen Theilen des Innern und durch beständiges Einwandern von Arabern entstandenes Mischvolk, zeigt dasselbe alle Schattirungen der Haut von den schwarzen Eingebornen bis zu den hellen Arabern. Auch im Charakter und Wesen der Suaheli machen sich auffallende Gegensätze bemerkbar. Während sie z. B. von Natur aus träge sind, können sie Erstaunliches leisten, wenn die Nothwendigkeit an sie herantritt. Sonst sehr friedfertig und Gewaltthätigkeiten abhold, binden sie mit Jedem an, der sie irgendwie reizt, und erweisen sich hinterlistig und rachsüchtig, wenn man sie schlecht behandelt oder ihnen hochmüthig begegnet. Der Mohamedanismus hat Wurzeln unter ihnen gefaßt und im Großen und Ganzen einen günstigen Einfluß auf ihr Empfinden und Denken ausgeübt. Die europäischen Forschungsreisenden pflegen sich ihre Begleiter, Träger und Führer in der Regel aus den Suaheli zu wählen. Der Beherrscher der Suaheli, der Sultan von Zansibar, hält so viel Frauen, als ihm seine Mittel erlauben. Diese Frauen werden streng bewacht, kokettiren aber dennoch gern mit Weißen. Außerdem hat Se. zansibarische „Majestät" noch seine besondere Freude an einem reich aus= gestatteten Marstall, an dessen Eingang ein großes Schwein liegt, das den „bösen Geistern", die etwa ein Gelüste verspüren, in die Pferde zu fahren, als Ableiter dienen soll.

Wer sich von der Suahelifüste in's Innere des „dunkeln Welttheils" begeben will, nimmt seinen Weg über Bagamoyo, eine neuerdings viel genannte Stadt Zansibar gegenüber. In dieser Stadt trifft man nicht selten 30—40,000 Träger von verschiedenen Karawanen an, die entweder aus dem Innern kommen oder dahin wollen. Die Stadt macht dann einen außer= ordentlich belebten Eindruck. Auf den Straßen wimmelt es von schwarzen und braunen Gestalten, die entweder nichtsthuend umherliegen oder gaffend vor dem Laden eines Inders stehen. Auf dem Markte kann man Lebensmittel, wie Reis, Mais, Fische und verschiedene Früchte kaufen.

In der Nähe von Bagamoyo liegt das eintönige Steppen= land Usaramo (deutsch=ostafrikanisches Gebiet), dessen Bewohner Wasaramo genannt werden. Die Wasaramo sind in Folge des jahrhundertelangen Druckes, der auf ihnen gelastet, ein ver= schlagenes und feiges Volk, das im Betrügen und Stehlen ein seltenes Geschick bekundet. Hoffentlich schleifen die Wasaramo im Laufe der Zeit ihre Untugenden und Laster durch Berührung mit den Europäern, namentlich Deutschen, möglichst ab!

Je weiter man von Usaramo aus landeinwärts vordringt, desto dichter werden die Wälder, welche Panther, Hyänen und Löwen durchstreifen. Man gelangt in das Gebirgsland Usagara, welches von den Forschungsreisenden als ein schönes, mit herr=

lichen Thälern und üppiger Vegetation ausgestattetes Land geschildert wird. In diesem von Natur aus so herrlichen Lande haust aber ein zurückgebliebenes, mißtrauisches Volk, das in jedem Forschungsreisenden einen beutegierigen Räuber oder Sklavenjäger erblickt. Wir verweilen hier nicht länger und gelangen über die Hochebene von Ugogo nach Tabora, wo die Träger des Reisegepäcks gewechselt zu werden pflegen. Weiter vordringend, kommen wir in das Gebiet des Ukerewesee's, dem der Nil entströmt, anderer wichtiger afrikanischer Seen und in den bemerkenswerthen Ort Udschidschi, wo am 10. Novbr. 1871 Stanley mit dem vermißten Livingstone zusammentraf.

In diesen weit ausgedehnten Gebieten, deren genaue Herzählung nicht unsere Aufgabe sein kann, hausen zahlreiche Stämme, die der großen Völkerfamilie der Bantu angehören. Wir wollen nur die vornehmsten Sitten und Gebräuche einiger wenigen dieser Stämme flüchtig in's Auge fassen, um den Grad ihrer Gesittung daran zu ermessen. Bei den Eingebornen von Ugogo, den Wagogo, genießen die Häuptlinge nur das Vorrecht, daß sie mehr Weiber besitzen und sich häufiger betrinken können als ihre „Unterthanen", die ihrerseits große Renommisten sind, aber thatsächlichen Gefahren schlau auszuweichen verstehen. Die Sklaverei herrscht bei den Wagago und ihre Waffen sind Bogen, Pfeil und Speer.

* * *

Im Norden des Ukerewesee's dehnt sich der Negerstaat Uganda aus, wo der bekannte Kataba (Kaiser) Mtesa bis vor Kurzem herrschte. Dieser Mtesa war einer der mächtigsten Fürsten Afrika's, der über eine Kriegsmacht von 250,000 Soldaten gebot. Anfangs dem bornirtesten Fetischdienste ergeben, hat er später den Islam angenommen, den einige Händler aus Zansibar in's Land brachten. Die Menschenschlächtereien scheinen diesem afrikanischen Despoten große Freude gemacht zu haben, denn er ließ dem Reisenden Long zu Ehren 30 Menschen köpfen, als ihn dieser in seiner Hauptstadt zum ersten Mal besuchte. Bei späteren Besuchen Long's begnügte sich Mtesa mit der Abschlachtung von 10 Menschen. Als ihm Stanley 1875 einen Besuch machte, fanden keine Opfer aus Prunksucht mehr statt. Also immerhin ein sittlicher Fortschritt zum Besseren! Stanley gab sich Mühe, Mtesa zum Christenthum zu bekehren, scheint aber keinen nachhaltigen Erfolg darin erzielt zu haben.

Die angeborne Wildheit saß dem Despoten zu tief im Fleisch und Blute. Als ihm ein Reisender einen Revolver geschenkt, zeigte er eine ausgelassene Freude darüber, daß er mit dieser Waffe sofort eine Kuh und ein Negerweib erschossen hatte. Zum Dank dafür, daß ihn der englische Afrikaforscher Dr. Felkin ärztlich behandelt, wollte er ihn hinrichten lassen. Seine Rettung verdankte Felkin nur dem Umstande, daß er Mtesa auf Anrathen Emin Pascha's die Stelle bezeichnete, wo der Despot unter seinem Harem sein Pulver vergraben hatte. Das Wissen dieses Geheimnisses machte Eindruck auf die afrikanische „Majestät" und stimmte sie zur Milde. Welches Attentat auf die gesunde Vernunft, auf alles Billigkeits- und Rechtsgefühl liegt darin, wenn ein einzelner Mensch nach Willkür über Leben und Eigenthum Anderer entscheiden darf! Mtesa war sonst ein intelligenter Mann, der die Sitten und Gebräuche der Weißen gern nachäffte. So hat er z. B. seinem Volke, den Waganda, eine zweifarbige Fahne „verliehen", welche zur Zeit wohl die einzige sein dürfte, die ein afrikanischer Stamm besitzt. Die Feuerwaffen hat er in seiner „Armee" ebenfalls eingeführt. In diesem Punkte sind ja bekanntlich alle Despoten, nicht nur die afrikanischen, Freunde des „Fortschritts".

Welch ein schlauer Fuchs dieser Mtesa war, geht deutlich aus dem Umstande hervor, daß er in allen „religiösen" Farben zu schillern und seinen Raubzügen stets einen mystischen Anstrich zu geben verstand. Heiden gegenüber spielte er sich als Heiden auf, Mohamedanern gegenüber als Mohamedaner, und Christen gegenüber trug er eine christliche Maske. In seinem Harem waren nicht weniger als 5000 Weiber. Um hungrige Geier zu sättigen, ließ er oft unter dem nichtigsten Vorwänden Menschen abschlachten. — Das Selbstgefühl dieses Despoten fand auch zuweilen einen recht naiven Ausdruck. Er ließ z. B. einmal um die Hand einer Tochter der Königin von England anhalten und war dabei der festen Meinung, daß damit der englischen Herrscherin eine große Ehre zu Theil werde. — Sein Nachfolger heißt Muanga, unter dem große Wirren in Uganda ausgebrochen sind.

Mtesa hatte auch die Oberhoheit über das an sein Land grenzende Königreich Unjoro. In Unjoro sind die barbarischen Menschenopfer noch im Schwange, und der Italiener Casati beschreibt ein solches sehr anschaulich wie folgt: „Dumpfe Trommelwirbel erschallen. Das „heilige Beil" mpango wird bereit gehalten, jeder friedliche Wanderer, der sich auf offenem Felde ertappen läßt, wird dem großen Vater des Königs — dem Geiste Kamrasi's — geschlachtet. Aber die Erfüllung des großen Opfers erwartet die Morgendämmerung des folgenden Tages. Der König steht in der Hütte des mpango (heiligen Beils), an der Schwelle des zweiten Eingangsthores, mit dem herkömmlichen Kleide angethan, einem großen Mantel aus Stoff von Baumrinde, über dem am Rücken und am Halse ein Leoparden= fell hängt, das Haupt mit Talismanen gekrönt, die Gelenke, den Hals und die Knöchel der Füße mit geweihten Glasperlen ge= schmückt, mit der rechten die kleine Lanze haltend. Die Manjoro von Kondo und alle Großen sind halbkreisförmig im großen Hofe vertheilt, auf ihren kleinen Bänken sitzend. Zur Rechten des Königs steht der Wächter des mpango, das verhängnißvolle Beil haltend. Die nuggara (Opfertrommel) und der Stuhl für den großen Ritus werden vorne hingestellt; ein weites Becken steht auf der Erde nicht weit entfernt. Schrecken und Schweigen beherrschen die Versammlung. Der König winkt mit dem Kopfe; die Großen erheben sich, und gebückt, zum Zeichen der Ver= ehrung, nähern sie sich ihm; er berührt mit der Spitze der Lanze einen von ihnen an der Schulter; dieser tritt vor, streckt seinen Hals hin, das Schreckensbeil fällt herab und das Blut wird in dem Becken gesammelt; der König besprengt sich mit demselben Stirne und Wangen, dann jene aller Großen. Hierauf ergreift der König das Gefäß und gießt den Rest des Blutes auf die Trommel und den Stuhl. Das Opfer ist zu Ende; nuggara, Stuhl, Lanze, Schild und Becken werden fortgetragen und nach der Residenz der Königin=Mutter geschafft. Auf einen Wink des Königs schleppen die mitleidigen Verwandten die Leiche des unglücklichen Kija, des einstiges Oberhauptes des Gebietes Muenge, fort. Festlich erklingen Trommeln und Pfeifen; man schlachtet Ochsen, sticht Fässer Bier an und auf dem noch eben mit dem Blute des Opfers besprengten Boden tanzen und springen die Trunkenen."

Als König Kamrasi starb, wurde nach demselben Forscher (Casati) in der Königsburg von Unjoro eine breite und tiefe Grube gegraben, die bestimmt war, die Leiche des Verstorbenen aufzunehmen, sowie der Bestattungsritus beendet war. In die= selbe wurden sechs von den Weibern des Königs sitzend gebracht, und auf ihre Beine ließ man den Körper des Abgeschiedenen hinab; ein zu seinen Füßen sitzender Knabe hielt die Pfeife und das Tabaksgefäß. Nachdem ohne einen Klagelaut Seitens der unseligen Opfer die schreckliche Gruppe hergerichtet war, wurde die Grube mit Erde gefüllt, und über dem Grabhügel flossen Ströme Blutes von geschlachteten Menschenopfern, besänftigten die „große Seele" des verstorbenen Königs und machten sie dem neuen Despoten geneigt.

Der neue König von Unjoro heißt Kabrega. Er wird als ein sehr energischer Mann geschildert.

In Unjoro gilt es auch als ein Abglanz königlicher Hoheit, gemästete Weiber zu halten, welche Dank ihrer Ernährung eine Fettleibigkeit erreichen, die ihnen nur noch das Weiterkriechen gestattet!

Die tollsten Launen eines Despoten können in Afrika zur sog. „guten Sitte" werden, denn die Knechtseligkeit wird leider überall dem Alltagsmenschen angeboren, und bewußter Widerstand gegen die Ausgeburten der Unvernunft und des Wahns gilt in den Augen der Gewohnheitsknechte als Verbrechen. Wo die gesunde Vernunft schweigt oder zum Schweigen gezwungen ist, da wuchert naturgemäß das Unkraut des Wahns und der Barbarei. Die „Religion" besteht bei vielen afrikanischen Stämmen in einem förmlichen Nachtgespensterheer von Wahnvorstellungen und demenssprechend sind dann auch meist die Sitten und Gebräuche. Rohheit und Barbarei triumphiren überall, wo der Mensch auf halbthierischer Stufe des Empfindens und der Entwicklung stehen blieb.

*

Gar mancherlei Sitten und Gebräuche gingen aus wahnwitzigen, kindischen oder irrthümlichen Vorstellungen und Anschauungen hervor. Dies zeigt sich recht evident oder augenfällig an der sog. „Blutbrüderschaft", die unter vielen afrikanischen Stämmen noch in ihrer ursprünglichen Art und Weise in's Werk gesetzt wird. Nach der Anschauungsweise der afrikanischen Stämme (und anderer Völker auf niederer Erkenntnißstufe) ist es das Blut, welches die Menschen zu Brüdern macht. Wenn zwei Menschen das gleiche Blut in ihren Adern haben, so sind sie Brüder. Wo die Brüderschaft nicht auf natürliche Weise durch den gleichen Erzeuger entstanden ist, läßt sie sich auf andere Art herbeiführen, indem man sich das Blut zum Bruderbund künstlich vermischt. Dies geschieht auf verschiedene Weise. Stanley und Mirambo, ein gefürchteter und mächtiger Bandenführer in Centralafrika, schlossen den Blutbund oder tranken Blutbrüderschaft mit einander, wobei folgende Ceremonie stattfand: In das rechte Bein eines Jeden wurde ein kleiner Einschnitt gemacht und Blut daraus entnommen, das die Beiden austauschten. Ein Dritter, der die Operation vollzog, sagte: „Wenn Einer von Euch Beiden diese jetzt zwischen Euch geschlossene Brüderschaft bricht, so möge der Löwe ihn verschlingen, die Schlange ihn vergiften, möge Bitterkeit in seiner Nahrung sein, mögen seine Freunde ihn verlassen, möge seine Flinte in seinen Händen zerspringen und ihn verwunden, alles Böse ihm widerfahren, bis daß er stirbt."

Es bestehen noch andere äußere Formen der Blutbrüderschaft, aber sie gleichen dem Wesen nach darin, daß sich die zu Verbrüdernden durch Einschnitte in die Haut an irgend einer Körperstelle Blut entziehen und dasselbe wechselseitig verschlucken. Auf diese Weise sind schon viele Forschungsreisende „Brüder" von afrikanischen Häuptlingen geworden. So schloß Lieutenant Storms den Bruderbund mit dem Häuptling Mpala am Tanganikasee, indem sich beide mit der Lanzenspitze einen Einschnitt in die Brust machten und dann das der Wunde entrinnende Blut wechselseitig auf gerösteter Hühnerleber genossen.

Auch afrikanische Häuptlinge und Krieger, die vorher in gegenseitiger grausamer Fehde lagen, schlossen und schließen auf gleiche oder ähnliche Weise die Blutbrüderschaft mit einander. Zuweilen wird auch das entnommene Blut mit etwas Wasser vermischt, was auf einen „verfeinerten" Geschmack hinzuweisen scheint.

In Europa (auch unter unseren germanischen Vorfahren) war diese cannibalische Sitte des Blutbrüderschafttrinkens ebenfalls allgemein eingebürgert, wie aus einer Stelle der „Edda" mit Sicherheit hervorgeht. Loki erinnert hier den Odhin mit folgenden Worten an den geschlossenen Blutbund:

Gedenkt Dir, Odhin,
Wie wir in Urzeiten
Das Blut mischten beide?
Du gelobtest, nimmer
Dich zu laben mit Trank,
Würd' er uns Beiden nicht gebracht.

Aus dem Mittelalter sind uns ebenfalls mehrere Beispiele der Blutbrüderschaft zwischen Rittern überliefert, ja Paulus Cassel erzählt sogar, daß noch in neuerer Zeit jüdische Brautpaare in Schlesien aus ihren Fingern Blut mischten.

In dieser cannibalischen Sitte ist zweifelsohne der Ursprung des heute noch in manchen cultivirten Ländern üblichen Brüderschafttrinkens zu suchen. Auf einer höheren Bildungsstufe trat an die Stelle des reinen Blutes das übliche Nationalgetränk, welches aber anfänglich noch mit etwas Blut gemischt wurde. Die Sitte des Anstoßens beim Trinken hat ihren Ursprung jedenfalls in dem Umstande, daß man damit symbolisch die Mischung der Getränke andeuten wollte. Diese Mischung geschah anfänglich in einem Gefäße und durch das Anstoßen wird symbolisch das eine Gefäß und die Mischung hergestellt.

So ist denn auch diese Sitte des Brüderschafttrinkens, wie so manche andere, von gedankenträgen Leuten sogar für „heilig" gehaltene Sitte, zu einer bedeutungslosen Form herabgesunken, von der nur die leere Hülle übrig blieb. Die meisten Menschen, welche heute „Brüderschaft trinken" oder mit ihren Gläsern anstoßen, thun dies, ohne nach dem ursprünglichen Sinn dieser Sitte zu fragen. Würde ihr Thun und Lassen von klarem Denken dictirt, statt von bloßer Nachahmung geleitet, so würden sich gewisse Dinge oder Sitten zweifelsohne nicht wie eine „ewige Krankheit" von Geschlecht zu Geschlecht fortleben. Nur weil der Alltagsmensch die Gewohnheit seine Amme nennt, übt er manchen Brauch, der durch die fortgeschrittene Erkenntniß längst seiner ursprünglichen Bedeutung entkleidet wurde. Der vernünftig denkende Mensch aber fragt stets nach dem Kern seines Thuns und Lassens, und findet er, daß irgend eine althergebrachte Sitte, mag man sie für „heilig" halten oder nicht, des vernünftigen Kerns entbehrt, so unterläßt er sie, selbst auf die Gefahr hin, daß er von Dunkelmännern und geistig rückständigen Leuten darob verunglimpft wird. Er macht einen Unterschied zwischen Sitte und Sittlichkeit und hält die Erkenntniß der Wahrheit und die Verbreitung des wirklich Guten für die höchsten Gebote der Sittlichkeit. Es kann unter Umständen eine große Unsittlichkeit darin liegen, jeder einzelnen Sitte, bloß weil sie hergebracht ist, gedankenlos zu fröhnen. Nur Handlungen, die aus edlen oder guten Motiven hervorgehen, haben einen wahrhaft sittlichen Werth. Wo man dies erkannt hat und danach handelt, da gedeihen die edleren Eigenschaften des Menschen.

* * *

Die barbarischen Sitten der afrikanischen Stämme sind zu meist aus den leiblichen Bedürfnissen und thierischen Instinkten der dortigen Menschennatur entsprungen. Je näher der Mensch der Thierheit noch steht, desto ungeschlachter und roher sind seine Sitten. Ein solcher Mensch fröhnt nur den physiologischen Trieben seines Leibes, wie das Thier; höhere oder geistige Bedürfnisse kennt er nicht. Der Neger macht sich lustig darüber, daß der Weiße in Afrika Berge und Thäler, Seen und Flüsse aufzeichnet, Pflanzen und Thiere sammelt, um sie zu Hause seinen Landsleuten zu zeigen. Das hält der Neger für eine kindische Spielerei, die er weit von sich weist. Eine solche Geringschätzung geistiger Bedürfnisse und Bestrebungen ist aber durchaus nicht nur dem Neger eigenthümlich. Man prüfe unbefangen in Europa das Gebahren der sog. „Philister" den höheren geistigen Bestrebungen gegenüber, und man wird finden, daß hinsichtlich dieses wichtigen Punktes der Unterschied zwischen dem Neger und dem europäischen Philister in Stadt und Land ein äußerst minimaler oder geringer ist. Der europäische Philister in Stadt und Land fröhnt im Grunde genommen auch nur den thierischen Bedürfnissen seines Bauches und hat der geistigen Bildung höchstens „glücklich abgeguckt, wie sie sich räuspert und wie sie spuckt". Er hält alle Menschen, die nach Höherem streben als nach Geld und Gut, für „überspannte Köpfe" oder „verrückte Kerle" und kann absolut nicht begreifen, daß man „Federfuchsern", wie Kant, Lessing, Goethe, Schiller, Humboldt, Denkmale setzt. Es leuchtet ihm allenfalls ein, daß man rücksichtslose Menschenschlächter, wie Timur, Tilly und andere derartige „Kriegshelden", für „große Männer" hält, aber für geistige Thaten, überhaupt für alle Dinge, die über seinen beschränkten Horizont gehen, hat er absolut kein Verständniß. An der Entwicklung der Cultur in Europa ist der „Philister" in Stadt und Land so unschuldig, wie an der Erfindung des Pulvers. Ginge es nach seinen Neigungen und Wünschen, so würden in Europa noch die gleichen öffentlichen Zustände herrschen wie in Afrika. Daß wir weiter in der Cultur fortgeschritten sind, verdanken wir lediglich unserem gemäßigten Klima auf der einen und unseren Geistesheroen in Kunst, Wissenschaft, Aufklärung und Erfindung auf der anderen Seite.

Wie sich das Empfinden und „Denken" (soweit überhaupt von letzterem die Rede sein kann) des echten Negers noch in den niedersten Sphären bewegt, so erinnert auch sein physisches Bild vielfach an den thierähnlichen Urmenschen. Der echte Neger zeichnet sich bekanntlich aus durch eirunden oder, wie der wissenschaftliche Ausdruck lautet, **dolichocephalen Schädel**, flache Stirn, vortretende Kiefern (Prognathismus), breitgequetschte Nase, schiefe Stellung der Zähne, gekräuseltes Wollhaar, lange Arme, wadenlose Unterschenkel und schwarze oder schwarzbraune Hautfarbe. Der Afrikareisende Johnston fand in der Gegend hinter Kimpoko am Congo die Eingeborenen einer kleinen Insel fast alle auf Bäumen sitzend, „vielleicht des Schattens halber, aber sie hatten eine erschreckende Aehnlichkeit mit Gorillas".

Es wäre übrigens ein Irrthum, zu glauben, daß, weil der echte Neger der Thierheit in physischer und geistiger Beziehung noch so nahe steht, sämmtliche Negerstämme von Natur aus grausam und blutdürstig seien. Es giebt ganz gutmüthige Negerstämme, die Blutvergießen verabscheuen und nur dann grausam, ja zu wahren Teufeln werden, wenn der „religiöse" Fanatismus in ihnen aufgestachelt wird — eine Erscheinung, die man ja auch häufig genug unter den Weißen zu beobachten Gelegenheit hat. Der religiöse Fanatiker — gleichviel, ob von schwarzer oder weißer Hautfarbe — lebt mit der gesunden Vernunft auf beständigem Kriegsfuße und baut seine hohle Vorstellungswelt auf die gemeinen Affecte von Furcht und Hoffnung. Er haßt instinktiv Alles, was nicht mit seinem selbstsüchtigen Empfinden und Denken im Einklang steht, und möchte gleich alle Diejenigen vernichten, deren Empfinden und Denken sich in anderen Geleisen bewegt und seiner hohlen Vorstellungswelt zuwiderläuft.

Höchst charakteristisch ist es jedenfalls, daß diejenigen afrikanischen Stämme in der Regel die gutmüthigsten sind, die am wenigsten oder fast gar keine „Religion" haben, richtiger gesagt, denen der Wahn- oder Aberglaube möglichst fremd geblieben ist. Solche Stämme trifft man z. B. am oberen Congo an. Sie sind gutmüthig, haben Sinn für Farben und Musik, lieben den Tanz und verstehen es, die Liebe über die Sphäre der niederen geschlechtlichen Sinnlichkeit durch edlere seelische Neigungen zu erheben. Ihre religiösen Vorstellungen aber sind äußerst schwach entwickelt, denn sie haben nur eine nebelhafte Idee von „Gott", für dessen Namen sie ein Wort gebrauchen, das gleichbedeutend mit Himmel und Luft ist. Einen solchen in der „Religion" und im Aberglauben schwach be-

schlagenen, aber sonst gutmüthigen Stamm bilden z. B. die Ba=
janfi, die an der Mündung des in den Congo sich ergießen=
den Wabumaflusses wohnen. Johnston kennzeichnet sie als
ein nach afrikanischen Begriffen in der Cultur ziemlich fort=
geschrittenes Volk. Die Männer dieses Volkes sind von Natur
schön gebaut, sie gleichen nach Johnston griechischen Statuen,
haben einen gefälligen Gesichtsausdruck und zeichnen sich durch
stark entwickelten Kopfhaarwuchs aus. Sie lieben die Ättto=
wirung. Die Weiber tragen gern ihre in dieser Gegend wirk=
lich schön geformten Brüste zur Schau. Unter den Mädchen
giebt es „reizende Geschöpfe mit zierlich geflochtenem Haar, mit
kleinen Händen und Füßen und schwellenden jungfräulichen For=
men". Bis zu ihrem heirathsfähigen Alter laufen sie voll=
ständig nackt umher, höchstens schmücken sie ihre Person mit
einem messingenen Halsband.

Hinsichtlich der Kleidung sind überhaupt die meisten afrika=
nischen Stämme äußerst anspruchslos. Nur bei den Hotten=
totten und Kaffern nöthigt das kältere Gebirgsklima die
„Menschen", Mäntel aus Fellen wilder Thiere oder aus Schafs=
pelzen zu tragen. Viele Stämme bedecken ihre Blöße ausschließ=
lich mit dem Lendenschurz. An den Küsten tragen die Eingeborenen
vielfach alte abgelegte europäische Kleider, worauf sie besonders
stolz sind. In Centralafrika herrscht bei Männern und Frauen
das adamitische und evaitische Costüm vor. Das Haar und den
Körper pflegen fast alle afrikanischen Stämme fast übermäßig
einzusetzen. Auch die Tättowirung und mehr oder weniger grelle
Bemalung der Haut ist bei vielen Stämmen üblich. Der Putz,
besonders Schnüre von Glas= und Eisenperlen, sind bei allen
afrikanischen Frauen äußerst beliebt.

Dem Wahnglauben entrichten die gutmüthigen Stämme am
oberen Congo insofern ihren Tribut, als leider auch sie am
Grabe der Häuptlinge Sclaven abschlachten, damit die Herr=
scher im Schattenreiche nicht ohne Bedienung seien. Dieser hirn=
verbrannte Wahn ist fast über ganz Afrika verbreitet. Er
bildet das tödtliche Verhängniß von Tausenden bedauernswerther
Sclaven, die Jahr für Jahr gewaltsam in's Gras beißen
müssen.

* * *

Der Waffenluxus steht unter verschiedenen afrikanischen Stämmen ebenfalls in Blüthe. In Bornu, Dar Fur und bei den Galla giebt es sogar Reiter mit Drahtpanzerhemden und kupfernen Helmen. Das europäische Feuergewehr findet immer mehr Eingang, besonders unter den Kaffern, den Negerstämmen am Congo und an der Goldküste. Die eigentlichen afrikanischen Waffen bestehen gewöhnlich in Wurfspeeren (Assagaies), Bogen und Pfeilen mit durch Euphorbiensaft vergifteten Spitzen. In der Vergiftung ihrer Waffen entwickeln die Afrikaner, namentlich die scheußlichen Buschmänner im Süden, einen Scharfsinn und eine Ausdauer, die Bewunderung verdiente, wenn sie einer besseren Sache gewidmet wäre. — Grotesk und phantastisch ist der kriegerische Aufputz vieler Negerstämme. Sogar der Buschmann, der sonst dem Grundsatz huldigt, daß körperlicher Schmutz wärme, schmückt sich den Kopf mit Vogelfedern und beschmiert sich den Körper mit rother Erde, sobald er in den Kampf zieht. — Die tapfersten der südlichen Kaffernstämme sind übrigens die Julus, unter denen ein strenges Militärregiment besteht. Die Schlachten bei den meisten übrigen afrikanischen Stämmen sind nicht sehr blutig. Gewöhnlich flieht die Partei, bei welcher es die ersten Todten abgesetzt hat. Gefechtspausen sind oft üblich, während welcher sich die Gegner in der lächerlichsten Weise verhöhnen. Die Kriege unter den afrikanischen Stämmen werden besonders durch den Umstand verderblich, daß sich gewöhnlich rücksichtslose Plünderungen und grausame Sclavenhetzen an sie knüpfen.

*   *

Die Sitten und Gebräuche der zahlreichen afrikanischen Stämme weichen in einzelnen Punkten zuweilen sehr von einander ab. Eine recht curiose Sitte, die unter den neuerdings viel genannten Massai besteht, ist die Art, wie sich die Angehörigen dieses Volkes begrüßen: Man spuckt sich nämlich gegenseitig an, sowohl bei der Begegnung als beim Abschiede. Das Anspucken drückt bei den Massai das größte Wohlwollen und die besten Wünsche aus. Es vertritt die Stelle unserer verschiedenen Glückwünsche. Jedes Geschäft wird durch gegenseitiges Anspucken besiegelt. Ein komisches Intermezzo hatte der Afrikareisende Thomson bei den Massai. Ein reicher Massai kam mit einer seiner Frauen zu dem Forscher und bat ihn, der Frau zu einem weißem Jungen durch eine „Medicin" zu verhelfen.

Thomson bespuckte die schwarze Venus mehrmals, was sie ungemein glücklich machte. — Ein Freund des sog. Spritzspuckens ist, wie viele Neger, der König Kabrega von Unjoro. Derselbe pflegt nämlich (auch bei feierlichen Gelegenheiten, z. B. Audienzen und dergl.) die Gegenstände um sich herum anzuspucken, welche dann ein höfischer Würdenträger mit der Hand abwischen muß. Emin Pascha meint, dieses Abwischamt könnte als Hofcharge auch in Europa eingeführt werden. Symbolische Bedeutung wäre einer solchen Hofcharge jedenfalls nicht abzusprechen.

*

. Die **Heirath** wird überall in Afrika als ein förmliches **Handelsgeschäft** aufgefaßt und betrieben. Es herrscht die Polygamie oder Vielweiberei. Jedermann kann sich so viel Frauen nehmen, als ihm seine materiellen **Mittel** gestatten. Die Frauen arbeiten für den Mann und stehen in seiner Schätzung um so höher, **je mehr sie ihm Kinder gebären.** Der Mann hat das „Recht", die Frauen und Kinder als Waare zu verkaufen oder zu vertauschen.

Das Weib nimmt in Afrika fast durchweg eine sehr niedrige sociale Stellung ein. Die Ausnahmen hiervon sind äußerst sporadisch oder vereinzelt. Da das Weib überall gekauft wird, gilt es als „Waare". Wer über entsprechende Mittel verfügt, kann sich zahlreiche Frauen zulegen. Ganz arme Teufel müssen sich mit einer einzigen begnügen. Der Preis für eine Frau hängt von besonderen Umständen ab und ist unter den verschiedenen Stämmen ein verschiedener. In Okfela kostet z. B. ein ausgewachsenes Mädchen 22 Schafe und 40 eiserne Lanzenspitzen. Sobald der Kaufpreis gezahlt ist, wird das Mädchen dem Manne überliefert. Hochzeitsfeierlichkeiten finden nur selten statt, und diese bestehen gewöhnlich darin, daß der „Bräutigam" ein opulentes Essen giebt und die „Braut" einige Tage im Hochzeitsstaat (einen Anzug aus weißer Baumwolle) einherstolzirt.

Interessant sind die Hochzeitsgebräuche reicher Leute im Norden der Provinz Acquatoria. Der Italiener Casati hatte mehrfach Gelegenheit, diese Bräuche zu beobachten, und er schildert sie in seinem vor Kurzem erschienenen Reisewerke wie folgt: Am Nachmittag des Tages, welcher dem der Hochzeit vorangeht, besteigt der Bräutigam, nachdem er den Leib mit wohlriechendem Fette gesalbt und einen Mantel aus einem Leinentuche feinster Sorte umgeschlagen hat, ein schönes Pferd und reitet, von einigen seiner Freunde begleitet, durch die Hauptstraßen der Stadt. Der junge Gatte ladet die nächsten seiner Verwandten und seiner Frau in ein eigenes Gemach. Die Frau hat ihren Leib nur mit einem kurzen Kleid aus Lederfäden bedeckt, die an einem Gürtel befestigt sind und bis ans Knie hinabreichen. Sie beginnt im Kreise um die Versammlung zu tanzen, mit den Fingern zu schnalzen und zu allgemeiner Befriedigung sich herumzutummeln. Um seine Theilnahme und die Begeisterung, die ihn erfaßt, zu bekunden, zerkratzt der Gatte mit seinen Nägeln, die zu diesem Zwecke mit Sorgfalt schon seit längerer Zeit hergerichtet wurden, den Körper seiner Geliebten an mehreren Stellen, an der Seite, auf der Schulter, an der Brust. Um der Mutter die Liebe, die er zu ihrer von ihm gewählten Tochter fühlt, zu beweisen, müssen die zerkratzten Stellen blutig erscheinen.

Drei Tage währt hier die lärmende Hochzeitsfeier, an welcher die junge Frau nicht theilnimmt. Der Ball des ersten Tages wird mit einer sehr seltsamen Ceremonie eröffnet. Die Jünglinge und Jungfrauen, die in getrennten Gruppen dasitzen, lassen fröhliche und Liebeslieder erschallen. Mit einem Male erhebt sich ein Mädchen und tritt mit einer Peitsche aus Nilpferdehaut vor einen der Jünglinge hin, der ihr diese unter ergebenen Dankesäußerungen abnimmt. Er läßt seine Blicke über die Versammlung hinschweifen und ruft dann: „Vorwärts, wer nach Liebe und Bewunderung strebt!" — „Ich bin bereit!" antwortet einer der Anwesenden, tritt vor und beugt den entblößten Rücken. Der Jüngling mit der Peitsche läßt nun etwa 15 wohlgeschwungene Hiebe auf den Rücken des glücklichen Genossen herabsausen. Der Vorgang wiederholt sich, nur die Rollen wechseln, und die beiden Spieler ziehen sich, „ruhmgekrönt" durch die Wundenmale, zurück, stolz, den anmuthigen Mädchen ihre Kraft und Seelenstärke bewiesen zu haben. Die Gesänge und der Tanz, die am dritten Tage ihr Ende nehmen müssen, werden in einer noch überraschenderen Art abgeschnitten. Das lärmende Fest ist nun nahe daran, ein bacchantisches Gelage zu werden, da wird es schroff durch das Erscheinen einer Frau unterbrochen. Es ist die lelet el hafschah, die Nacht des Nimm=nimm! Die Megäre löscht die Lichter aus, die Jünglinge stürzen sich, schreiend und einander drängend, auf die Mädchen, diese vertheidigen sich nicht, und Arm in Arm verlassen die Paare das Haus. Die Festlichkeiten aber ziehen sich bei den Verwandten der zwei Familien bis zum vierzigsten Tag hinaus, an welchem auch die junge Frau Antheil nimmt, um den Schluß des Festes zu feiern. Die Ruhe des häuslichen Lebens hat von jenem Tage ihren Anfang. Auf die Dauer eines Jahres lebt der junge Mann im Hause seiner Frau, ohne daß es ihm jedoch darum gestattet wäre, die S ch w i e g e r m u t t e r zu sehen, mit welcher er erst zur Zeit der Geburt des ersten Sohnes in Berührung tritt. Sie wird indeß von ihm stets als eine Persönlichkeit von höchster Verehrungswürdigkeit geachtet, und wenn es die Gelegenheit bietet, daß er schwören muß, so thut er dies bei ihrem Namen.

Die a f r i k a n i s ch e n Mädchen werden schon vom 11. bis 13. Jahre geschlechtsreif und sind im 20. bis 25. Jahre vollständig verblüht oder verwelkt. Mit ihrer „Schönheit" ist es dann aus. Im Osten Afrikas werden häßliche und altgewordene Ehefrauen nicht mehr als solche angesehen, sondern als Sklavinnen behandelt.

Bei vielen Stämmen dürfen v o r der Ehe beide Geschlechter frei miteinander verkehren, ja bei einzelnen Völkerschaften, z. B. den S ch u l i n e g e r n, hat man b e s o n d e r e H ä u s e r, in denen die sich der Pubertät oder Geschlechtsreife nähernden Mädchen mit den mannbar gewordenen Knaben Nachts vereinigen. Hat dieser geschlechtliche Verkehr für irgend ein Mädchen physiologische Folgen, so ist ihr Gefährte verpflichtet, sie gegen Erlegung des üblichen Brautpreises an ihren Vater zu heirathen.

Mann und Weib bewohnen nach der Verheirathung meist getrennte Häuser oder Hütten. Die Ehe gilt um so glücklicher, je mehr eine Frau Kinder gebiert, denn für den Afrikaner repräsentirt in Folge der Sklaverei jeder Mensch einen bestimmten m a t e r i e l l e n Werth, der für ihn allein ausschlaggegend ist. Eine unfruchtbare Frau wird daher als unnützes Möbel betrachtet. Eine Frau, die zum ersten Mal in gesegnete Umstände kommt, wird in manchen Ländern, z. B. an der Goldküste, gewissen (für u n s höchst abgeschmackten) Ceremonien unterworfen, bei denen die Kinder ihren Unfug und die Massen ihren Hokuspokus üben.

Nach der Geburt der Kinder und während des Säugens gelten die Frauen für „unrein" — ein Zustand, aus dem sie nur durch einen „religiösen" Act wieder in den gewöhnlichen versetzt werden können.

Bei manchen afrikanischen Stämmen, besonders an der Westküste, herrscht der Familien= und Sippencommunismus. Dies hat zur Folge, daß ein Familienglied bei sehr häufig vorkommender Verschuldung für das andere bürgen und büßen muß. Das t ü ch t i g st e Mitglied der Familie hat in der Regel am meisten darunter zu leiden, denn die Gläubiger halten sich gewöhnlich an dieses. Der Tüchtigste wird so durch den Untüchtigen, Trägen und Arbeitsscheuen zu Grunde gerichtet, denn er ist genöthigt, Alles herzugeben, was er sich durch Fleiß und mühsame Arbeit errungen hat. Hier zeigt es sich im Kleinen recht augenfällig, wie verhängnißvoll für alle Tüchtigen (und deren Zahl ist gegenüber den Untüchtigen leider nicht sehr groß) eine communistische Gesellschaftsform wäre. Unter ihrer Herrschaft würden zunächst die Tüchtigen im Interesse der Untüchtigen ausgepreßt werden, bis schließlich jenen wie diesen der Athem ausging und nichts anderes übrig blieb, als den natürlichen und vernünftigen Zustand wieder in sein Recht eintreten zu lassen.

Der E h e b r uch ist bei fast allen afrikanischen Stämmen strafbar, aber die Frau kann den Mann nicht in der ausgedehnten Weise zur Rechenschaft ziehen, wie er sie. Die Ehescheidung ist meist sehr erschwert. Verläßt eine Frau den Mann, so muß diesem Alles zurückgezahlt werden, was er für sie gegeben hat. Dagegen verliert der Mann alles Eingezahlte, wenn er die Frau verläßt.

Gewöhnlich wird die Ehe, trotz der Vielweiberei, im Ganzen r ein gehalten, doch giebt es auch Stämme, unter denen eine schmutzige Weibergemeinschaft zwischen Vater und Sohn ihre häßlichsten Blüthen treibt.

Auch die P r o stitution ist bei der die Neger beherrschenden groben Sinnlichkeit unter vielen Stämmen heimisch. Bei den verkommenen Stämmen kommt sogar die Prostitution des Weibes durch den eigenen Mann vor. Es giebt vielerorts öffentliche Dirnen, welche das verdiente Geld ihrem Herrn, in Dahomey sogar dem König, abliefern müssen. Eine eigenthümliche Einrichtung dieser Art besteht auch am Hofe des Königs Kabrega von Unjoro. „Im Hause Kabrega's befinden sich — sagt der Afrikareisende Paul Reichard auf Grund der Mittheilungen Emin Paschas, der an Ort und Stelle war — eine Menge Mädchen als Dienerinnen seiner Frauen, welche gewöhnlich gute Tänzerinnen oder durch körperliche Vorzüge ausgezeichnet sind und bei Nacht völlig unbeschränkte Freiheit genießen. Sie werden „Branga" genannt. Am Abend gehen sie aus, und im Falle sie von einem Manne angerufen werden, begleiten sie denselben, um auf seinen Wunsch fünf bis sechs Tage bei ihm zu weilen. Oft genug kommt es vor, daß sie aus freien Stücken einen ihnen gefallenden Manne folgen und bei ihm bleiben. Der sie Aufnehmende ist gehalten, sich ihren Wünschen zu fügen und für sie nach Umständen zu sorgen. Ihre Belohnung besteht je nach Umständen in den gebräuchlichsten Tauschartikeln, Rindern, selbst Sklaven. Fällt die erwartete Belohnung zu gering aus, so erfolgt ihrerseits stets Berufung auf König Kabrega, welcher meist zu ihren Gunsten entscheidet, obgleich er gar keinen Nutzen dabei hat. Alles nämlich, was sie erwerben, gehört ihnen, und wenn es einer geglückt ist, viel zusammen zu bringen, so gründen sie einen eigenen Weiler, ein Dorf und heirathen auch wohl einen Sklaven des Königs. Die in dieser Ehe erzeugten Kinder gehören als Sklaven dem Häuptling Ist es ein Knabe, so wird er zum Krieger, und ist es ein Mädchen, so wird es im Gewerbe der Mutter erzogen."

Die Prostitution treibt noch vielfach andere sonderbare Blüthen unter den afrikanischen Stämmen, doch wollen wir ihr keine Beachtung weiter schenken Dagegen bietet uns der anderweitige Verkehr der beiden Geschlechter noch manche absonderliche Seite. Auch in Afrika kommt es zuweilen vor, daß sich Mädchen aus „besseren" Ständen in Leute von „niederer" oder gewöhnlicher Abkunft verlieben. Man sieht in einem solchen Falle gar nichts Anstößiges darin, daß sich das Mädchen Nachts zu ihrem Erkorenen begiebt. Treten Folgen ein, so heirathen sich die Leutchen, wobei nur darauf gesehen wird, daß der Bräutigam das übliche Brautgeld an den Vater der Braut entrichtet.

Eigenartige Formen nimmt der geschlechtliche Verkehr der Afrikaner in den phantastischen Tänzen an, die unter allen Stämmen sehr beliebt sind. Diese Tänze, die bisweilen bedenklich die Grenze des Schicklichen streifen, stellen im Grunde genommen nichts anderes dar, als eine naive Verherrlichung des intimsten Umgangs der beiden Geschlechter. Ungeachtet verschiedener äußeren Formen, haben die Tänze bei allen Negerstämmen eine gemeinsame Grundidee, nämlich die Verherrlichung der Sinnlichkeit. Wir lassen es dahingestellt sein, ob die Tänze der beiden Geschlechter unter den Weißen nicht derselben Grundidee entsprießen. Der weiße Mensch huldigt gar mancher Sitte, deren eigenthümlicher Sinn ihm gar nicht zum Bewußtsein kommt. Wunderlich sind die Kapriolen, welche weiße wie schwarze, rothe wie gelbe Menschen oft bei ihren Tänzen machen. Das in ihnen lodernde Feuer der Sinnlichkeit veranlaßt sie, dies zu thun, ob bewußt oder unbewußt, ändert nichts an der Sache. Das Tanzen ist seinem Wesen nach ein Kultus der Sinnlichkeit.

Ueber die Lockerheit der geschlechtlichen Sitten in Afrika ließ sich noch Manches sagen, allein dies liegt nicht in unserer Absicht. Wir constatiren nur, daß diese große Lockerheit der Sitten ihre triebkräftigsten Wurzeln in der viehischen Sinnlichkeit des Negers hat. Also auch hier finden wir wieder die culturhistorisch wichtige Wahrheit bestätigt: wie der Mensch, so seine Sitten und Gebräuche.

* * *

Wir könnten noch mancherlei Absonderlichkeiten über die afrikanischen Sitten und Gebräuche mittheilen, doch liegt es nicht in unserer Absicht, in alle ethnologischen Einzelnheiten einzugehen oder die Sitten und Gebräuche sämmtlicher bekannten Stämme Afrikas in den Kreis unserer Betrachtungen zu ziehen. Nur noch einige Bemerkungen über Kamerun in Westafrika, die werthvollste der deutschen Kolonien, wollen wir uns hier gestatten: Die Eingebornen dieses kleinen Gebiets heißen Dualla, werden aber zuweilen auch Kamerunleute genannt. Man veranschlagt ihre Zahl auf 20—22,000. Die Männer sind im Allgemeinen hübsch von Gestalt und treiben fast nichts als Handel, wobei sie die Weißen nach Möglichkeit hintergehen und betrügen. Sie sehen mit Stolz auf die Eingebornen im Innern herab und nennen sie wegwerfend „Niggers". Die Dualla legen ihr Vermögen in Sklaven und Frauen an, welche letztere sie meist schon in früher Jugend kaufen. Kaum 13—15 Jahre alt, denkt der Dualla schon ernstlich an's Heirathen, d. h. an das Kaufen oder Einhandeln von Frauen. Das Verleihen und „Versetzen" der Frauen seitens der Männer ist allgemein üblich. Die größten Streitigkeiten werden unter den Dualla mit — Frauen ausgeglichen. Nach einem Kriege werden dem Sieger als Kriegskosten so und so viel Frauen ausgeliefert.

Die Sklaven bilden in Kamerun das Kleingeld, die Frauen das Großgeld.

Die Dörfer der Dualla sind die geräumigsten und reinsten in ganz Westafrika. Die Menschenopfer bei Leichenbegängnissen sind 1848 durch die Bemühungen Beecrofts im Kamerungebiete abgeschafft. Das ganze Gebiet wird jetzt von zwei „Königen" beherrscht, nämlich von King Bell und King Aqua. Der angesehenste von diesen beiden Herrschern ist King Bell — ein herkulisch gebauter Mann, der von seiner „königlichen Würde" sehr eingenommen ist und europäische Kleider trägt, auf die er sich ebenfalls viel zu gute thut. An seinem Cylinderhut ist ein goldnes Schild, ähnlich wie auf europäischen Dienstmannskappen, mit dem Namen des Königs besestigt. Das Alles macht auf gebildete Europäer einen höchst komischen Eindruck. Vor einiger Zeit stattete ein Freund von uns, Dr. Richard Sy, der als Schiffsarzt mit nach Kamerun gekommen war, dem King Bell einen Besuch ab. Bell hielt es für „Schick", dem Besucher eine Erfrischung anzubieten und frug ihn in gebrochenem Deutsch wörtlich: „Willst Du Birrr oderr Cognace"? Dr. Sy sagte, er wünsche beides, worüber King Bell nicht wenig verwundert war, aber schließlich gute Miene zum bösen Spiele machte und „Birrr und Cognace" anstragen ließ. — King Bell ist sonst Geschäftsmann und treibt Handel mit Landesprodukten, wie Elfenbein, Palmöl u. s. w. Seine Tochter, die „Prinzeß Bell", wäscht für die Angehörigen der deutschen Firma Wörmann in Kamerun. Diese „Prinzessin" sucht sich also ihr Brod durch nützliche Arbeit zu verdienen, was von vernünftigen Leuten gewiß nicht als ein Makel angesehen werden dürfte.

Auf der anderen Seite darf man aber ja nicht glauben, daß der gesellschaftliche Dünkel, der bekanntlich unter den Weißen so üppig gedeiht, in Afrika etwas ganz Unbekanntes sei. Nein, auch dort grassirt diese psychische Seuche, die vornehmlich als Protzenthum zu Tage tritt. Ein Sohn King Bells, der in der Nachahmung europäischer Sitten es über sich gewann, nur ein einziges Weib zu nehmen, wurde von den Eingebornen so lange als „armer Mann" geringgeschätzt, ausgeneut und verspottet, bis er sich einen wohlassortirten Harem angelegt hatte.

Der Sippenkommunismus, der in Kamerun wie in ganz Westafrika herrscht, legt alles bessere Streben unter den Eingebornen lahm, da der Tüchtige, wenn er fleißig ist, nur für den Nichtsthuer schafft. Der Dualla weiß dies und arbeitet nicht mehr, als er platterdings muß, d. h. als des Leibes Nothdurft erfordert. Der Träge verläßt sich auf den Fleißigeren, und dieser sagt sich, daß er doch nur die Kastanien für Andere aus dem Feuer holt, wenn er seine Kraft mehr anspornt, und daß er dadurch indirekt der Trägheit der Anderen Vorschub leistet. Für den von Natur aus Schwachen liegt zwar im Sippenkommunismus eine Stütze, aber der Zwang, mit welchem er gehandhabt wird, wirkt demoralisirend. Der Starke soll allerdings — das ist sittliche Pflicht — für den Schwachen eintreten; wo dies jedoch durch äußere Gewalt erzwungen wird, erleidet die individuelle Freiheit und mit ihr alles höhere Streben zum Besseren Schiffbruch. Wie sehr ein solch äußerer Zwang der Menschennatur widerstrebt, geht u. A. aus der Thatsache hervor, daß der große Philosoph Spinoza, der durchaus kein „Egoist" war, mit seinen Schwestern einen langen Prozeß wegen eines Bettes führte. Als Spinoza den Prozeß gewonnen hatte, schenkte er den Schwestern das Bett.

Wenn ein Eingeborner in Kamerun und Westafrika stirbt, ohne seine Schulden bezahlt zu haben, so wird ihm das ehrliche Begräbniß verweigert. Die Leiche wird auf einem Gerüst vor dem Dorfe, den Raubthieren zum Fraße, ausgestellt. Gelingt es der Familie oder Sippe, die Schuldsumme aufzubringen, so darf sie den Todten begraben. Bei Begräbnissen werden jetzt, anstatt der früheren Menschenopfer, ganze Fässer voll Pulver verknallt und große Schmausereien gehalten.

* * *

Die Weißen haben in ganz Afrika unter allen Umständen noch eine große civilisatorische Mission zu erfüllen, aber dieselbe kann nicht darin bestehen, daß etwa an die Stelle des einheimischen Fetischglaubens der orientalische Wunderglaube gesetzt wird. Die allgemein menschlichen Gebote der Gesittung müssen den Eingebornen des dunklen Welttheils allmählig beigebracht werden und die Weißen selbst, die unter ihnen wirken, müssen in der Erfüllung ihrer höheren Menschenpflichten den „Wilden" jederzeit mit gutem Beispiele vorangehen. An der Rohheit und Barbarei der bestehenden Sitten und Gebräuche in Afrika hat, wie schon wiederholt angedeutet, der Aberglaube den Löwenantheil. Der Aberglaube beherrscht Alles, und geradezu unsäglich ist das Elend, welches er fortwährend veranlaßt. Seine schlimmsten Formen sind die stupiden Wahnvorstellungen über Zauberei und Hexerei, die überall in üppiger Blüthe stehen. Manche Stämme, z. B. die Gabonesen und Baghirmis, glauben, daß Todesfälle nur auf Zauberkünste übelwollender Menschen zurückzuführen seien, und diesem tollen Wahn fallen zahlreiche Unschuldige zum blutigen Opfer. Um den vermeintlichen „bösen Zauberer" zu ermitteln, wird der Verstorbene so auf die Köpfe von zwei Männern gelegt, daß seine Beine nach der Richtung des Hauses gekehrt sind, in dem Derjenige wohnt, der von vorneherein als Opfer auserkoren ist. Die Träger bleiben unter dem Vorgeben, daß sie nicht weiter könnten, vor dem betreffenden Hause stehen, worauf die sie begleitende Rotte dasselbe stürmt und den „Zauberer" in Stücke haut. Die Familie des Unglücklichen muß ohne Gnade in die Sklaverei wandern und sein Eigenthum nimmt der Sultan, Häuptling oder König. Zuweilen wird mit dem Verstorbenen auch noch ein lebender Knabe oder ein lebendes Mädchen begraben, um ihm die Fliegen abzuwehren.

Auch die Krankheiten werden bei manchen Stämmen dem Uebelwollen und der Zauberei anderer Menschen zugeschrieben, und der Priester wird dann zu Rathe gezogen, um den Zauber zu lösen und den Thäter zu entdecken. Der Hokuspokus, der hierbei stattfindet, ist haarsträubend. Der Verdächtige muß sich gewissen „Gottesurtheilen" unterwerfen, die meist in dem Verschlucken eines durch den Priester bereiteten Gifttrankes bestehen. Ist der Verdächtige reich, so hat in der Regel der „Gifttrank" keine Folgen. Aber ein armer Teufel, der den biederen Priester nicht entsprechend bezahlen kann, wird durch den Trank erbarmungslos ins „Jenseits" expedirt. Zuweilen wird das durch den Priester bezeichnete Opfer des Wahns ergriffen und in die Felder geführt, wo man es an einen Baum bindet und mit Messern tödtet. Das wahnbethörte Volk glaubt, daß der Priester mit den „Geistern" direkten oder indirekten Verkehr unterhalten und dieselben nach Wunsch zu Gunsten oder Ungunsten des Volks stimmen könne. Dadurch erlangen die Priester große Macht über das Volk und sie bieten Alles auf, diesen ihnen so nützlichen Wahnglauben zu erhalten. Unter der Maske der „Religiosität" verstecken sich bei diesen Priestern die scheußlichsten Laster und Nichtswürdigkeiten; das Volk aber hat, wie anderwärts, „lange Ohren" und läßt sich, die dichte Binde des Wahns vor den Augen, willig hinter's Licht führen.

Man glaubt sich fürwahr in's „christliche" Mittelalter, in die Blüthezeit der Hexenprozesse versetzt, wenn man in Afrika auf diese scheußlichen Auswüchse eines stupiden Wahnglaubens sein Augenmerk richtet. „All der mittelalterliche und zum Theil bis noch heute beizufindende Aberglaube von Hexen und bösem Blick, guten und unheilbringenden Tagen — sagt der Afrika=reisende Dr. Fischer — steht hier noch in voller Blüthe." Wie man im Mittelalter vorzugsweise den Teufel überall im Spiele wähnte, so glaubt man in Afrika hauptsächlich an das „böse Princip", dessen Wirken man möglichst von sich abzuwenden sucht. Die Mittel, die man zu diesem Zweck in Anwendung bringt, fordern oft das Lachen jedes vernünftigen Menschen heraus. Man sucht sich nämlich u. A. vor dem „bösen Zauber" dadurch zu schützen, daß man Rindermist auf Stirn und Backen streicht. Aehnliches kommt übrigens auch noch häufig genug in Europa vor. Der Aberglaube macht den Menschen nicht nur zur Bestie, sondern auch zum Narren. Putzig ist der Hokuspokus der sog. „Wettermacher" in Afrika, wodurch man das Wetter nach Wunsch zu gestalten wähnt. Es kommt nicht selten vor, daß ein solcher Wettermacher sein Leben auf's Spiel setzt, denn wenn die gewünschte Aenderung des Wetters nicht erfolgt, wird der Wettermacher einfach todtgeschlagen.

* *

Manche afrikanischen Stämme begraben ihre Todten nicht, sondern legen sie, wie z. B. die Massai, unter einen Baum, den Vögeln und Hyänen zum Fraße. Die Monbuttu und andere Kannibalen verzehren sehr oft ihre Todten. Auch kommt es vor, daß sie ihre Leichen von Dorf zu Dorf aus=tauschen, weil sie ihre Verwandten nicht auffressen wollen. Das Fleisch Solcher, die im Kampfe gefallen sind, wird ge=wöhnlich auf der Wahlstatt vertheilt und in gedörrtem Zustande als Eßwaare nach Hause transportirt. — Manche „Könige" be=sitzen sogen. Mausoleen, in denen die Leichname in sitzender Haltung über der Erde aufbewahrt werden. Die Fürstengräber werden in der Regel ein Jahr lang bewacht. — Verschiedene Stämme schaffen ihre Todten einfach an wüste Plätze, wo sie die Raubthiere auffressen. Da und dort kommt es auch vor, daß die Skelette Verstorbener auf Getreideäcker gestellt werden, um hier als „gute Geister" segenbringend zu wirken. — Bei manchen Stämmen sorgt man ängstlich dafür, daß Niemand zu

Hause stirbt, indem man die Sterbenden in's Freie trägt. Ist Jemand im Hause gestorben, so wird letzteres nicht mehr benutzt. — Laute Todtenklage der Weiber ist in Sterbefällen meist an der Tagesordnung und zum Zeichen der Trauer schneidet man sich die Haare ab, oder trägt ein Halsband von Haaren aus dem Schwanze eines Ochsen.

Die Farbe der Trauer ist in Afrika meist weiß, und da der Neger noch keine besondere Trauerkleidung kennt, so behilft er sich mit einer weißen Schminke, mit der er sein Gesicht bestreicht. Nur bei wenigen Stämmen ist auch Schwarz die Trauerfarbe. Wie Stanley berichtet, bestreichen sich die Männer in den Waldgegenden von Uregga beim Tode ihrer Frauen mit einem Holzkohlenteige, den sie fünf Jahre, nach unserer Zeitrechnung zweieinhalb Jahre lang, auf ihrem Gesicht liegen lassen. Allgemein verbreitet ist der Glaube, daß der Charakter des Lebens im Jenseits sich von dem diesseitigen nicht unterscheide. Aus dieser Anschauung heraus ist das Hinsetzen von Speisevorräthen in oder auf das Grab zu erklären. Eine seltsame Sitte haben die Damara. Vor der Bestattung brechen sie dem Verstorbenen das Rückgrat, nähen ihn in eine Ochsenhaut und legen ihn dann erst in eine Gruft mit dem Gesicht nach Norden. Dann setzen sie die Lieblingsspeisen auf das Grab und halten an den Todten eine feierliche Anrede, in der sie ihm angelegentlichst — guten Appetit wünschen. — Die Loangos in Niederguinea nähen ihre Todten in eine Ochsenhaut ein und stellen sie dann in aufrechter Stellung öffentlich zur Schau aus. Jeder Bekannte, der den Todten sieht, ist verpflichtet, ein Tuch zu opfern, welches um den Verstorbenen gewickelt wird. Als Opferthiere werden Hühner geschlachtet, deren Blut auf den Boden gesprengt wird, während die Hühner selbst auf das Dach des Hauses gelegt werden. Geschieht dies nicht, so hat die Seele im Grabe keine Ruhe, sondern erscheint, läßt sich im Hause nieder und belästigt die Bewohner. — Dagegen glauben die Matamba, daß die Seelen der Verstorbenen den Körper der Ueberlebenden als Wohnsitz auswählen. Die schwarze Ehegattin ist stets der unerschütterlichen Meinung, daß ihr verstorbener Hausherr in ihrem Körper wohnt. Je nachdem nun das Eheleben geartet war, gestalten sich auch die Folgen von der Aufnahme der Seele des Gatten. Will sie davon befreit werden oder sich wieder verheirathen, so muß sie sich an den Fetischpriester wenden, der ja dann auch „guten Rath" weiß. Der

Fetischpriester bindet die Wittwe an Armen und Beinen zusammen, taucht sie einige Male kräftig im Fluß unter und das Uebel ist gehoben, die „Seele" des Gatten ist ersäuft.

* * *

Unsere Ausführungen, die sich des beschränkten Raumes wegen nur in sehr engen Grenzen bewegen müssen, machen keinen Anspruch auf Vollständigkeit, sondern wollen nur ein ungefähres Bild von den bemerkenswerthesten Sitten und Gebräuchen afrikanischer Volksstämme geben. Viele dieser Volksstämme stehen dem urzeitlichen Naturzustand des Menschen, in dem sein Sinnen und Trachten lediglich auf die Geschäfte der Ernährung und Vermehrung gerichtet war, noch sehr nahe. Andere Stämme haben bereits eine höhere Sprosse auf der Entwickelungsleiter des Menschengeschlechts erklommen. Der Charakter oder das Naturell dieser Stämme hat sich meist in seiner thierähnlichen Ursprünglichkeit erhalten. Die Eingebornen des „dunklen Welttheils" sind gewöhnlich kindlich, ja kindisch, leicht leidenschaftlich zu erregen und durch ein kleines Geschenk wieder zu besänftigen. Stupider Aberglaube, Trägheit, Selbstsucht, Gier nach Besitz, Prahlerei und Protzerei sind die häufigsten Eigenschaften dieser Zweihänder — Eigenschaften, die sie oft tückisch und grausam machen. Die unverblümte Habsucht ist es, die den Neger bestimmt, Weib und Kind um ein buntes Lendentuch oder eine Schnur Perlen 2c. wegzugeben. Dies Alles wirkt verhängnißvoll und hemmend auf die menschliche Entwickelung ein und drückt den afrikanischen Sitten und Gebräuchen seinen rohen Stempel auf.

Es waren und sind aber ohne Zweifel in erster Linie klimatische Factoren, welche erschlaffend auf die Thatkraft der afrikanischen Volksstämme einwirkten und sie auf einer so tiefen Stufe menschlicher Entwickelung stehen ließen. Die Gesittung der Völker hängt mehr von den klimatischen Factoren ab, als man gewöhnlich glaubt. Diese Factoren wirken entweder fördernd oder hemmend auf die Intelligenz und Thatkraft der Völker. Wo ein immerwährendes tropisches Klima herrscht, wo gleichmäßiges müheloses Blühen und Reifen der Früchte stattfindet, da mangelt der Sporn für die Thatkraft des Menschen, so daß sie mit der Zeit erschlafft, und es fehlen dann auch die Bedingungen des Fortschritts, die Voraussetzungen der geistigen Cultur. Es ist ein Irrthum, anzunehmen, daß der gesitteten Menschheit ihre materiellen und geistigen Besitzthümer mühelos in den Schooß gefallen oder ihr durch eine „göttliche Vorherbestimmung" zu Theil geworden seien. Nein, es mußte alles Gute und Große, dessen sich die Menschheit erfreut, in heißem Ringen erkämpft werden. Jeder Fortschritt, jede Verbesserung, jeder Aufschwung der Völker ist mit dem Schweiße und Herzblute der besten Menschen bezahlt worden. So war es ehemals, so ist es heute und so wird es immer sein.

* * *

Europäische Dunkelmänner und Frömmler verschiedener Confessionen oder Schattirungen wollen die afrikanischen Stämme durch „christliche Seelenretterei" civilisiren. Allein die Erfahrung lehrt eindringlich genug, daß das „verlorene Liebes= mühe" ist. Denn abgesehen davon, daß der orientalische Wunder= glaube, in dem die europäischen Himmelswächter meist das Wesen des Christenthums erblicken, durchaus nicht geeignet ist, wahrhaft civilisirend auf die afrikanischen Stämme einzuwirken, machen die letzteren auch, einheimischen Fetischglauben und orientalischen Wunderglauben miteinander verquickend, ein förmliches Zerrbild aus dem ihnen aufgedrungenen Christenthum. Dieses „Christen= thum" hat einst in dem Königreiche Congo Früchte gezeitigt, wie sie schlimmer nicht denkbar sind. Die Geschichte des „Christen= thums" in Europa und Amerika sollte allen wahren Freunden menschlicher Gesittung und Civilisation eine große Warnungs= tafel sein. Denn was in diesen beiden Erdtheilen einst im „Namen des Christenthums" oder ad majorem dei gloriam („zur größeren Ehre Gottes") an der Menschheit gefrevelt wurde, kann auch in Afrika wieder geschehen. Für die in der Regel nur äußerlich zum „Christenthum" bekehrten afrikanischen Stämme existirt keine Grenze zwischen Aberglauben und Wunder= glauben, und daß eine Verquickung beider die Gemüther nur noch mehr verwildern muß, kann keinem Zweifel unterliegen. Auch Emin Pascha, der beste Kenner der afrikanischen Stämme, warnt entschieden vor „neutestamentlicher Beglückung" und ver= langt von den Missionären, daß sie, anstatt ihren Zöglingen mechanisches Bibellesen beizubringen, ihnen nützliche Kenntnisse einflößen, sie im Ackerbau und Gewerbe unterrichten und be= lehren sollen.

Die islamitischen Glaubenseiferer haben ebensowenig tief= einschneidende civilisatorische Erfolge zu erzielen vermocht, trotz=

dem der Islam in ganz Nordafrika und auch an der Östli
die herrschende Religion ist. Die wahre Civilisirung der Mensc
und Völker hängt eben nicht von willkürlichen Glaubensvorf
lungen und Phantasiegebilden über vermeintliche übernatürl
Wesen oder Mächte, sondern von Factoren ab, die im Irdisch
in der gegebenen Wirklichkeit wurzeln. Willkürliche Glaube
vorstellungen und Phantasiegebilde über vermeintliche auß
weltliche Wesen oder Mächte waren es, welche die Völker r
anlaßten, die Erde mit Menschenblut zu düngen, Zwietra
Haß und Verfolgung zu stiften, die Freiheit des Geistes,
Gedankens und der Rede in Ketten zu schlagen, kurz, die sch
Erde zu einem Jammerthale, ja zur Hölle zu machen.

Im geläuterten Drang nach irdischem Glück und nach F
heit, im Gefühle für wahre Menschenwürde sind die kräftig
Triebfedern der Civilisation zu suchen. Wo der Drang
Glück und Freiheit herrscht, wo das Gefühl für wahre Menscl
würde allgemein und lebhaft pulsirt, da ist das Walten
Barbarei zu Ende.